宁高宁管理笔记

五步组合论

IV

形成市场竞争力

宁高宁 ◎ 著

企业管理出版社

图书在版编目（CIP）数据

五步组合论．形成市场竞争力 / 宁高宁著．—北京：企业管理出版社，2023.3
（宁高宁管理笔记）
ISBN 978-7-5164-2771-2

Ⅰ．①五… Ⅱ．①宁… Ⅲ．①企业管理—文集 Ⅳ．① F272-53

中国版本图书馆 CIP 数据核字（2022）第 238538 号

书　　名：	五步组合论：形成市场竞争力
书　　号：	ISBN 978-7-5164-2771-2
作　　者：	宁高宁
责任编辑：	张　羿
出版发行：	企业管理出版社
经　　销：	新华书店
地　　址：	北京市海淀区紫竹院南路 17 号　　邮　　编：100048
网　　址：	http://www.emph.cn　　电子信箱：emph001@163.com
电　　话：	编辑部（010）68701638　　发行部（010）68701816
印　　刷：	北京联兴盛业印刷股份有限公司
版　　次：	2023 年 3 月第 1 版
印　　次：	2025 年 10 月第 8 次印刷
开　　本：	710mm×1000mm　1/16
印　　张：	14.75 印张
字　　数：	208 千字
定　　价：	58.00 元

版权所有　翻印必究　·　印装有误　负责调换

自序 PREFACE

因为我领导过四家世界500强企业，中国华润（集团）有限公司、中粮集团有限公司、中国中化集团有限公司和中国化工集团有限公司及后来两家整合的中国中化控股有限责任公司，这样我也被善意地贴上了一个执掌过四家世界500强企业的标签。我粗略查了一下，全球企业界这样的人还真不多，所以我听了这称呼也很高兴。就好像比赛中的游泳运动员，本来只顾着低头划水，没想到抬起头来一看有人鼓掌，当然有点乐滋滋的。虽然我高兴，但我也不想以此事误导大家，因为这个世界500强本来就是个杂志的统计，不是个很严谨的评价，而且排名依据是销售额，并不能说明企业真正的水平，所以不应奉为成功的标准。另外，我任职的几家企业都是国有企业，我的职务也是组织上任命的，与国际上的500强企业不同，这一点我们应该很清楚。也就是说，中国人里如果组织任命的话能领导几家世界500强企业的人肯定不止我一个，还有很多。

但我也不能太谦虚，毕竟我参与过的几家企业都发展了，战略上有转型有升级，市场竞争力上有增强，营利能力也提高了，而且现在还在持续进步，我当时和团队尽心尽力工作也算是有成绩。热心的媒体不仅广泛报道这个现象，还分析其原因。有的说宁高宁善于搞并购整合，有的说宁高宁有企业家精神敢于冒险，也有的说宁高宁运气好，还有人说他们家三兄弟都挺好是因为家里教育好。这些说法可能都有些道理，但是都不会是最终答案。其实我也不知道答案是什么，如果再来一次我也不知道还能不能做好。因为这件事是一个雾里行走摸索前行的过程，没有包打天下的简单答案。现在常有人问我，如果让你用一句话来总结自己怎么说？我说就是好好干，其他总结不了。因为它是一个过程，所以想探究原因就要了解这个过程。如果说我经历过几家世界500强企业的发展是件有意思的事，如果说我在这几家企业的发展中起了些作用，如果今天回头看想找出点道理来，那么现在集合起来的这套"宁高宁管理笔记"之《五步组合论》就是记录当时过程的原始的文字。这些文字并没有修饰过，也很不完整，只是记录了一些片段，更不是经验介绍，它有很多初级的、幼稚的、粗糙的观点，但它是一个过程，加起来30多年的过程，从中可感受到当时的情景。我自己再回头翻看时还能感受到当时的气息、味道，特别是错误。我相信读者看的时候也会有类似的感觉。看一个人要看他的成长过程，看一家企业也要看他的成长过程，特别是当你看到在这个过程中他一会儿天真幼稚，一会儿跌跌撞撞，可他还是顽强地跑了很远，这个过程就能带来些启发。

在这个过程的背后，并不一定引人注意的特点有两个，我想单独说一下。

一是这些企业的团队学习能力。因为中国现在的企业大都成立在改革开放之后，他们产生的背景并不是成熟的市场，但他们出生后立刻要面对的就是市场化甚至国际化的竞争和规则。他们就像基础不好的插班生，必须努力学习赶上。所以对中国企业来讲，能不能有意识地、主动地、不断地学习进化，是让他们拉开距离的主要原因。从这本书里记录的这些事情看，我经历的这几家企业，都有一个特点，他们都有学习反思、自我完善的能力，他们像虔诚的小学生一样不断学习，是学习型的团队。我们讲过学习型组织，甚至学习型国家，这里的学习并不仅仅是指喜欢读书学习，其所代表的是不断认识新的变化、不断探索、不断思考并与实践相结合的能力。为什么他们的投资失误相对较少？为什么面临困难的企业可以转型成功？为什么小业务可以持续发展直到建立行业领导地位？为什么他们内部的思想相对比较统一？这些都与学习型团队有关。这也就是整个组织的认知、学习、思考、实践并不断完善及在此基础之上的创造的能力。华润和中粮多年前就有这么个说法——我们的企业就是一所大学，不同的是我们有个即时的实验场来检验。这里的实践者也是学习者、思考者。我现在还记得当时开那些几天几夜不停的团队学习会议，想起来都是令人无限怀念和感慨的时光。

二是不断反思总结规律。企业管理虽然没有统一不变的全能方法，但有一定的规律，规律就是我们在试验过多种方法后梳理出来的要遵循的原则。相对于其他学科，企业管理成为专门学科较晚，而且在不同的社会文化和经济环境下，企业管理原则应该有不同的变化。中国的企业管理学科借用西方较多，许多重要的理论框架无论是战略还是市场都是从西方引进过来的，虽然它们也是西方多年商业实践的结晶，但与中国企业的实际不完全吻合。其实，受了西方企业管理教育的中国企业管理者也在不断地与水土不服斗争。如企业中关于团队的组织发展，战略的多元化与专业化，中国企业的并购整合及国际化，市场营销中对消费者的认知，中国都有很强的独特性，其规律要在实践中摸索总结。在我任职的这几家企业中，在实践中不断寻求探索规律和方法并形成共识来指导企业的发展也是其重要特点。由此才有了你会在书中看到的五步组合论、6S管理、价值管理四要素、战略十步法、经理人标准等基于企业实际提炼出来的工作方法，以及华润形成的对多元化企业管理的方法，中粮对全产业链的管理方法，中化集团基于科学至上理念的重组转型和协同管理的方法。

  这本书的时间跨度可能有 30 年，其内容大都是与团队讨论总结出来的，是一个思考的过程，是原创。这也是一个实战的过程，这些理念方法都被广泛使用过，充满激情地实践过，并且在过程中不断修正完善。今天回头看，这些实践都被市场和时间检验过，也是相对成功的，这是其珍贵之处。

2023 年 1 月 26 日于上海

目录 CONTENTS

第四步　形成市场竞争力

- 002 · 有感觉
- 005 · 黄碟子
- 007 · 生产力
- 009 · 新经济
- 011 · 真干净
- 013 · 新旧谈
- 015 · 进化说
- 017 · 说分销
- 019 · 生物链
- 021 · 木棉花
- 023 · 以开放心态看待连锁业竞争
- 026 · 孩子的名字是品牌

- 028 • 竞争力
- 032 • 星巴克
- 035 • 再升华
- 037 • 翡翠城
- 039 • 华润堂
- 042 • 鲤鱼江
- 044 • 圣诞节
- 046 • 食言志
- 049 • 网与流
- 051 • 万象城
- 053 • 王府井
- 055 • 大企业
- 058 • 用"三张表"看生意
- 060 • 再回首
- 062 • 中国造
- 064 • Logo 的变更是一个管理过程
- 068 • 核心竞争力：看得见，摸得着
- 071 • 推动力
- 073 • 安全生产
- 075 • 大悦城
- 077 • 达沃斯

- 079 • 内与外
- 081 • 新一年
- 083 • 中茶公司
- 085 • 好产品
- 087 • 好产品会说话
- 089 • 战略营销
- 091 • 做广告
- 093 • 广告和利润
- 095 • 中粮可乐可喜可贺
- 097 • 新业务
- 099 • 盈亏平衡点
- 103 • 创新营养健康产品
- 105 • 客户是企业战略的起点
- 108 • 反金融
- 111 • 品牌工作"新五步法"
- 115 • 自行车
- 117 • 食品安全需要文化引领
- 119 • 产品力
- 121 • 利润区
- 123 • 构建研发体系
- 126 • 质量安全

130	•	以全球视野审视中国的粮食安全
133	•	没有产品力就没有销售力
136	•	铜锣湾
138	•	用专业的态度做正确的事情
140	•	做好产品
142	•	企业发展的力量
144	•	产品官
147	•	中国金茂
149	•	消费体验的本质是创造愉悦
152	•	创新发展青年担当
155	•	中国种子
158	•	打好翻身仗
160	•	创新三角
162	•	创新，不能总是一声叹息
165	•	财务管理
168	•	均好发展
171	•	渴望竞争
174	•	创新引领实体商业布局
176	•	生产率
178	•	中化资本
180	•	谋创新就是谋未来

- 185 · 打造核心竞争力
- 190 · 高通量创新
- 194 · 万物皆由人
- 202 · MAP 战略
- 204 · 新农业
- 206 · 国际化的挑战与未来
- 209 · 推进"线上中化"战略，助力打造世界一流企业
- 215 · 中国企业下一程
- 219 · 中国中化做对了什么

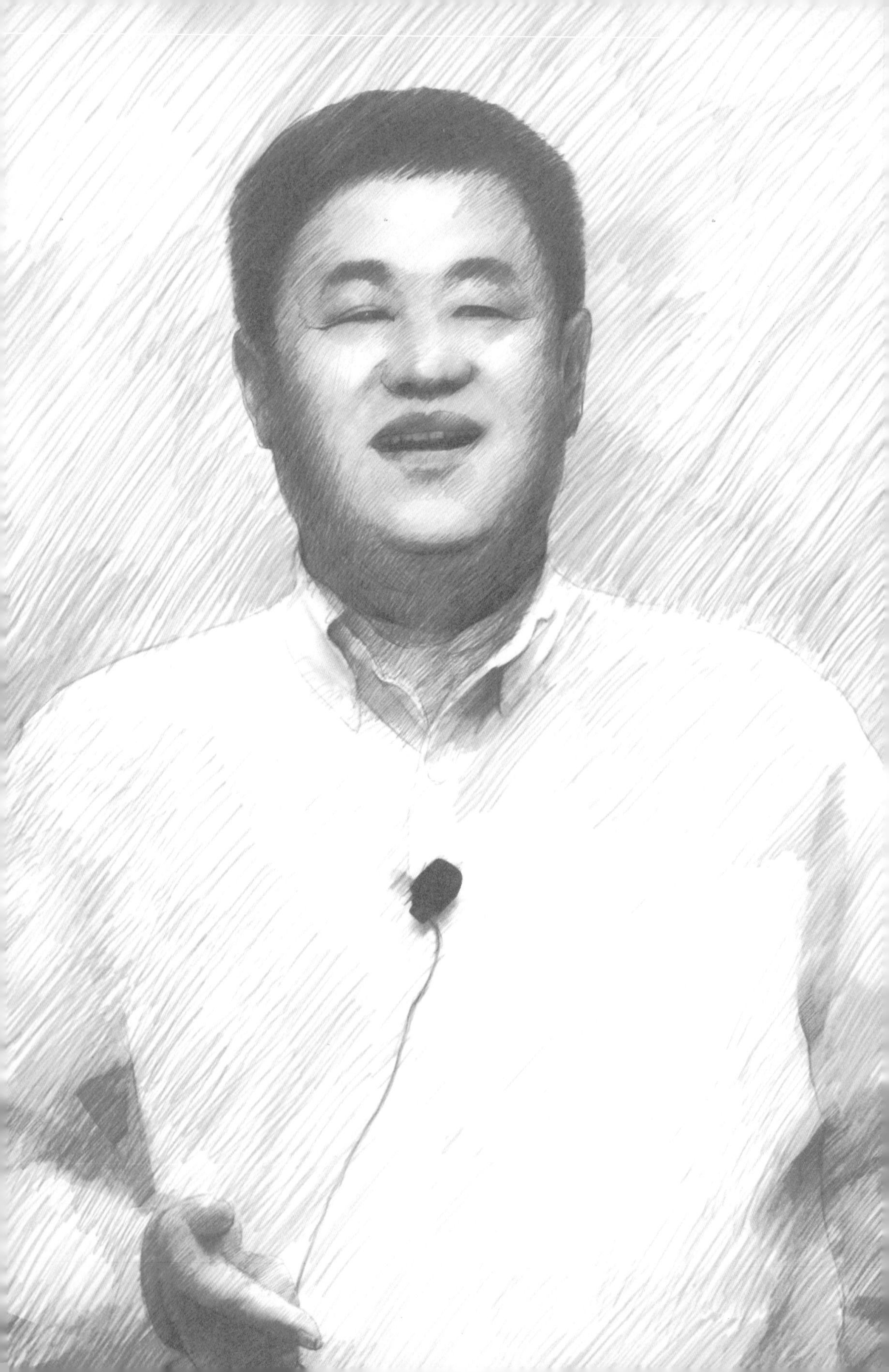

五步组合论

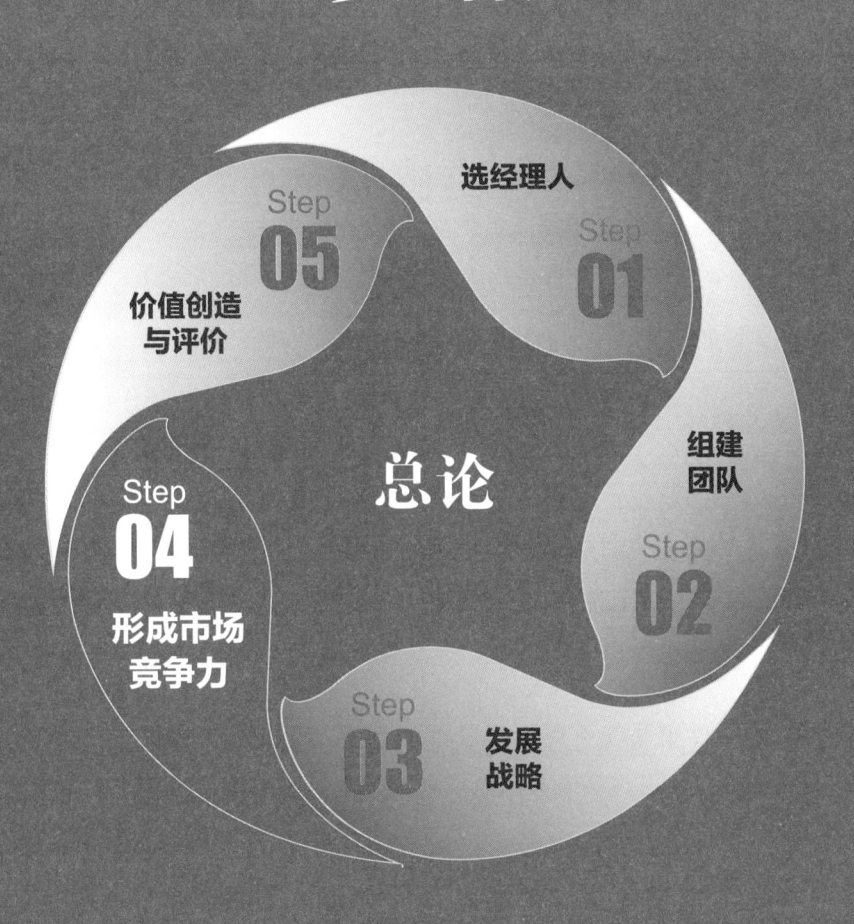

- Step 01 选经理人
- Step 02 组建团队
- Step 03 发展战略
- Step 04 形成市场竞争力
- Step 05 价值创造与评价
- 总论

> 没有感觉的产品是一杯白水，不是没用，但只有物理作用，没有化学作用。没有化学作用的产品就像一个没有魂的人，没有个性，没有朋友，没有爱情，没有生命。

有感觉

《创业论语》这个名字是我起的。

有人说这个名字太沉重了，有人说这个名字太装腔作势了，也有人说这个名字太自不量力了。想想也是，半部《论语》治天下呀，圣人的东西是随便可以盗版的吗？华润创业这些人，与《论语》有什么关系呢？华润创业能创出一部《论语》来吗？这个题目只能由大家一起来回答。创业还是要创的，"论语"还是要论的，干活的过程中多思考点问题也就是《创业论语》的意思。

说起思考问题，今天说两件事与大家讨论。

第一件事与我百思不得其解的意大利手提包及服装商 PRADA 有关。这个牌子在我看来是意大利艺术家最丑的作品，它几乎一色黑白，化纤面料，方形设计，三角商标。可是它今天是这个市场上最昂贵的品牌之一，人们要在店门口排队等待才有机会进入，它给我印象更深的是门口的棕色皮肤警卫和服务态度让人难以接受的服务员。可是 PRADA 还是 PRADA，有哪位女士不要 PRADA？PRADA 怎么了？

我问过 ESPRIT 的邢李㷧，他说 PRADA 面料是特别的，是降落伞用的材料；我问过意大利 PRADA 的生产商，他说 PRADA 每年的研究开发费用很大，据说超过一亿美元。但这都解答不了我的疑感，直到我问励致洋行的 ANITA（因为她背着 PRADA 的包），方让我茅塞顿开，她说因为背着 PRADA 的包使她感觉年轻！好家伙，真厉害，让女人感觉年轻！结过婚的男人和结过婚或没结过婚的女人都明白这股劲有多大！怪不得 PRADA 会畅销。可这种感觉哪来的呢？为什么用 PRADA 就感觉年轻而用 CHANEL 就感觉老呢？是什么魔力给了 PRADA 这简单的黑背包这支魂呢？产品是大同小异，靠材料，靠手工，靠画蛇添足的复杂设计有时也行，但谁能在产品上创造出一种感觉来、一种心理状态来、一种生活方式来才是真正的高手。

华润创业要想就这些"论语"一下，你说我们的啤酒让人喝了除去头晕还有什么感觉呢？我们的怡宝水（还有立即就要出的豆奶）让人喝出什么感觉呢？我们的日化产品能给人带来新的生活方式吗？北京置地的房子让人住进去以后是感觉年轻呢，年老呢，还是年纪正合适呢？没有感觉的产品是一杯白水，不是没用，但只有物理作用，没有化学作用。没有化学作用的产品就像一个没有魂的人，没有个性，没有朋友，没有爱情，没有生命。

第二件事是我这星期两次往返香港、北京，分乘港龙和中国民航的飞机，又是百思不得其解。港龙是空中客车 330，头等机位加到 36 个，几乎一半空间都是头等舱，可以说不似头等舱。而民航班机是波音 747-400，头等位只有 16 个，是标准的可飞跨大洋的大型客机，比港龙舒服很多。两个航空公司机票同价，港龙飞机还要比民航机多飞半小时，可结果又让我疑惑万分，港龙机次次客满为患，中国民航机次次空空荡荡，你说这是怎么了？这些无知的乘客怎么就不懂选择航空公司？

有人说民航态度不好，我说不是，民航的服务态度进步了很多，不比港龙差，我细心比较过。我觉得民航的"态度"问题解决了。但民航与港龙有些不同的地方。从进门开始，你闻到的气味先不一样，民航是食品味、汗味的混合体，港龙是清凉的香味。送上来的毛巾不一样，民航是黄色的小毛巾，港龙是白色的软毛巾（毛巾的气味也不一样）。送上的饮品不一样，民航是水、橙汁（常温），港龙也是水、橙汁，但是冷冻的。飞行安全讲解不一样，民航是动画片，港龙是真人。食品服务方法不一样，港龙先给菜单，让你点，民航是告诉你一下，让你选（虽然我觉得民航的饭不比港龙差）。机上阅读品不一样，港龙是香港出版物的总汇，民航是国内的几份报纸（有时加香港文汇报、大公报）。广播的内容不一样，民航告诉你饮品有橙汁、苹果汁、番茄汁、可乐、七喜、雪碧、矿泉水、红白葡萄酒等，港龙则认为这些饮品是应该有的，不需要再重复。起飞降落前，民航总是说各门服务员操作分离器（不知道什么是分离器，反正让一个女孩子操作我觉得悬），港龙则从来不说有没有人操作分离器。港龙的空中小姐会准确说出红酒、白酒的法文名字，芝士的名字，而民航的酒不是王朝，就是长城。但是民航机上客人如果看书，空中小姐会主动给你开阅读灯，客人如果睡觉，空中小姐会过来给你盖毛毯，这些在港龙机上已不多见了。

　　说了这么多，别以为我对民航不满意，我很满意，下次乘机我还会选民航，因为747的大座位对我最重要。可让我不平的是民航机位空的多，是不是上述这些琐碎的小事情真就让客人放弃了747去选空中客车？我看不是，我猜这些客人（当然主要是港人或老外）到了港龙机上感觉自在，感觉到家了，又可以按他们喜欢、习惯的方式生活了，民航不是没下功夫，它是努力过的。可是，是用自己的思维、生活方法去服务顾客，营造不出一种顾客认为舒适的环境，747的大座位也帮不了多少忙。以客为本，了解顾客，认识顾客，这才是最重要的。

　　这件事华润创业也应该"论语"一下，别认为华润创业有点钱就可以买波音747，到时照样打不过空中客车，你说是不是？就像香港的新机场，到目前为止反而不如旧机场好用。钱不是万能的，硬件不是万能的，你必须站在顾客的角度上投其所好，而不是从你自己认为好的角度出发。

（1998年7月）

> 这是一个新的季节，是回转碟子的季节。

黄碟子

轩尼诗道上有座华创大厦，华创大厦楼下有间日本寿司店。这一年，华创大厦的租金下来了，空置上去了。可寿司店的生意，去年旺，今年还旺。

到这间店来的人都要有耐性，因为要排队等号码。排队的人也变成了活招牌，让你觉得必然有便宜占，越等越不肯离去，像是去年买楼买股票。

本是米饭和生鱼，叠在一起就变成了寿司，再把寿司放在传送带上，就变成了回转寿司。它轻微跳跃着在你面前走过，像猎物一样，挑逗人们捕抓擒拿的原始本能。

一坐下来，你就是这里阅兵的将军，行进中的千军万马，任你指点。你可以点三文鱼出列，你也可以让八爪鱼离队，你更可以让大队整齐地向前走，今天，你是指挥。

花花绿绿的排列，像是美女如林的香港小姐竞选，今天，你是评判，不，你比评判权大，你看中哪个肤色好，体形好，一伸手，拿过来，可以放进嘴里。

你吃的一定是世界上最香的寿司，因为自己钓的鱼是最鲜的，自己摘的桃子是最香甜的。

当然，你也可以不伸手，今天，你有选择的自由。来这里最好带计数器，寿司按碟子颜色计价。蓝色15元，绿色10元，黄色8元。每两只蓝碟子可以送一只黄碟子，不要算错。如果你想"白吃"

一只黄碟子寿司，你就一定要吃两只蓝碟子寿司。

　　肚子饱了，还有智斗。你发觉摆在你面前的空碟子中 5 只蓝色、3 只黄色，你面对一个艰难的选择：是再吃一只蓝碟子寿司，把 3 只黄碟子都变成"白吃"，还是就此作罢，心甘付一只黄碟子的钱。这时肚子是否有空间已不重要，你觉得正在与店主玩一场游戏。好像在玩 21 点，庄家手里这张牌你还接不接？这时的兴奋与刺激远远大过让你眼里流泪的日本芥末。这时你才恍然，没有黄碟子，你本来不会吃这么多。

　　吃为填饱、穿为御寒的人不多了。卖东西是难，换一种新卖法，卖东西就不那么难了。

　　十二月，清凉的风吹到香港，流了一年汗的城市像是冲了凉，一下子舒服了，太阳也温顺了，痒痒的，让你想到北方冬天里穿棉袄晒太阳的小孩。街上人群脚步慢了，霓虹灯与落日映在一起，是懒洋洋的祥和。风中夹带的味道变了，令你想起很久前的事情。

　　这是一个新的季节，是回转碟子的季节。

（1998 年 11 月）

> 新科技的手段可以提供新的交易方式，给我们的业务转变提供机会，科技的发展给我们修了很好的路，我们要在这条路上快速行驶。

生产力

高科技这一段时间成了所有投资建议书的封面，互联网也成了人们见面寒暄的头一句话，这个潮流一来，很多人有些不适应，包括我们。以前追求投资"价值"的大牌基金经理现在都几乎被市场忘记，而过往越是追求细节管理、盈利目标的企业今天越是有失落感，传统的业务成了这个新经济潮中的沉重负担。有人说，这个世界变了，好像有点不甘心、不服气，可如果你看一看以美国为最的西方媒体的头条报道，真是这样。这个科技潮代表了新经济，新经济就是新世界，世界已经开始变了，不单是每个人都会用多一些电脑，而是你的生活方式要变了。

香港对科技潮的追随很快，内地也很快，都快过欧洲国家。盈科（盈科数码动力有限公司——编者注）收购香港电讯和 tom.com 的招股几乎成了香港唯一的经济活动，股市的反应通常是先知先觉的，因为理论上讲它代表了多数人的智慧，多数人认为是对的通常就是对的，起码在某一时间内是这样。股市的反应有时也过敏，香港股市这几天和黄（和记黄埔有限公司——编者注）在升，是因为它在英国的投资，中国电信在升是因为内地的市场前景再一次被人们认识，而香港电讯在升是因为香港的李家和新加坡的李家在争夺，这些好像与香港本身的关系不大，香港经济实质上恢复的程度可能被这些现象夸大了，高科技最终有多少转化为生产力的提高（这已被广泛认为是美国经济持续增长的原因）现在可能还言之过早。但是，现在人们看得远了，过去大家预测2～3年的事，现在大家要预测10年的事，过去大家要从有盈利来看企业，现在大家要从前景和概念来看企业，因为世界发展太快了，网络公司普遍认为现在3个月最少要等于过去一年。发展快不等于是直线，我想波折肯定会有的，关键看我们怎么把握，所以，这个世界上起点和时间是至关紧要的。

适应了这个科技潮的人我看都是对国际潮流有认识的人。过去我们做生意有些特权，不需要分析别人，而现在我们可能变成了像我们这样规模的企业中最没特权的公司，我们需要分析市场、分析竞争对手，我们不单要看公司本身，看对手实力，看一个地区、一个国家，还要对国际上的各业发展有个清醒的认识，不能只跟尾声。互联网的潮流以科技为先，带来资金潮、财富重新分配潮、公司重新定位潮，滞后了，就失去存在的地位，像香港电讯，已卖给盈科了，一个是100多年的独家经营，一个是成立不足一年的公司，奇迹是会发生的，这是今天早晨刚宣布的。

科技并非目的，科技的发展最后也要以服务于人的需求为目的。我们现有的基本业务应尽快利用这些新的科技手段，有人说在未来几年，要么你变成e-Business，或者你变成no-Business，也有人说要么你从现在做否则你永无机会（Now or Never）。我们的业务也在转变中，新科技的手段可以提供新的交易方式，给我们的业务转变提供机会，科技的发展给我们修了很好的路，我们要在这条路上快速行驶。

科技潮一来，好像搞得所有都很虚幻，但是与互联网有关的硬件公司大都有快速增长的盈利，这是实的，网上的电子商务公司像eBay（易贝网）、Amazon（亚马逊公司）、Priceline等都有飞速的业务增长，这也是实的，AOL（美国在线服务公司）买了时代华纳，盈科买了香港电讯，Yahoo!（雅虎）又在与News Corp.（新闻集团）谈合并，这也是实的。我们要用扎扎实实的心态来看待科技带来的机会，也是挑战，华润集团是商务公司，电子商务会让我们如虎添翼。就如有句老话所说，科技是生产力。

（2000年3月）

过去我们常问:"你做什么生意?"("What business are you in?")

今天新经济的圈子里大家都在问:"What is your business model?"(你的生意模型是什么?)

新经济

过去常挂在我们嘴边的一些公司名字最近一段时间很少有人再提,像可口可乐、麦当劳、宝洁等。甚至像 IBM(国际商业机器公司)、AT&T(美国电话电报公司)、GE(美国通用电气公司)等本来我们已经觉得很玄妙的公司,最近也少听到了。大家的兴奋点集中到了像 Amazon、AOL、eBay 这样的公司,这些公司的存在不是物理形态的,不是传统意义上的需要阳光和空气才生长的禾苗,所以人们认为它们的存在是虚拟的,是 Virtual 的,这样也就有了 Virtual Economy(虚拟经济)。

看到过一篇文章,讲人类目前只看到了宇宙的一小部分,发现的像银河系一样大的星系已有几十万个,而银河系里像太阳一样的恒星就有一千多亿个,太阳不过是其中一个很边角、很小的一颗,可太阳仅用了其自身热量的 20 亿分之一照到地球上,地球就有了我们大家。

虚拟经济的气势,表现在用货币代表的价值上,而这种价值体现在冲破原有传统思维的巨大期望值上,所以,原来的 Real Economy(实际经济)被称为 Old Economy(老经济),而由虚拟经济领导的,并且逐渐由虚拟经济统治的(在公司运作上叫管理的)一种经济形态出现,人们把它叫作 New Economy(新经济)。

新经济已不是一项简单的科学发明，它不仅仅提高某个产业的效率，还会改变经济存在的方式，要向人类在生物学和社会学意义上的生存提出挑战：基因工程现在看来要改变人们的食物、人类的繁衍和生老病死。电子网络的工程会改变人们的思想交流和货物交换。新经济不单是好玩的，它还是有威胁的，新经济对一家老经济的公司来讲不单是成立一个部门，投入一些金钱，或请来一些新人，它还要求我们脑子转变、组织转变、业务转变。以前大家把这些现象的出现叫高科技潮，新经济的思维出现后，这就不单是潮了，它可能是海了，是新经济的海。

新经济也不会全面取代老经济，只要人类存在本身不仅仅是精神的，代表物质形式的老经济就一定有其功用，在相当长的一个时期内，老经济的形式还会是生活的主流，就像前面说的可口可乐、麦当劳，它会一直在我们周围，它会与新经济共存，它也会顺应新经济的要求改变一些形式，新经济会成为它们前进的动力和方向。在老经济融入新经济的过程中，会有许多机会、许多变化、许多空间、许多陷阱。过去我们说了许多年要搞好产品、做好营销、做好品牌、做好财务等，今天看来这些仍然是要做的，但还要做好向新的经营方式的转变，从体制上、组织上及业务方式上的转变。转变才会给我们创造更大的空间、增长的潜力、未来价值的体现。

过去我们常问："你做什么生意？"（"What business are you in？"）今天新经济的圈子里大家都在问："What is your business model？"（你的生意模型是什么？）看来新老经济的汇合处 Business 并没有变，但 Model 变了，但我还是坚信老经济的生意是基础，老经济的思维基础并没有错，甚至基础管理的法则新经济也必须用，这种转变在初期对传统生意来讲可能是痛苦的，但传统生意是转变中的起点。新经济的来临有其几何基数自我膨胀的特点，它会带动老经济中的传统生意以同样的方式成长，这也是转变的诱惑力和威胁，我们今天正处在这一点上。

（2000 年 3 月）

> 干净是一种境界，也是艳丽和繁华之后的心境。

真干净

这次去日本，觉得这么一个小岛上住了那么多人，而且还挺有秩序，干净可能是很重要的原因。以前去内地参观一些地方或企业，因为看不出太多的深道理，所以常把地方是否干净挂在嘴上，也发生过有些企业因为我们要去而临时清洁甚至改建厕所的事。不过干净与否的标准还时常有它一定的可靠性。干净是细节，有精力把细节做好的人其他地方可能也太差不了。

就说日本酒店的洗手间，特别是高级一点的酒店洗手间一般都很干净，可东京这间酒店的洗手间的干净已不仅仅是把地板擦净、毛巾洗白，而是干净得有点闪光。浴盆的底部有几颗金属的装饰，闪亮如镜，让你觉得干净得有点多余。加上抽水马桶的座位自动喷水、自动吹风，干净在这里已经机械化、自动化了，干净在自己制造干净。

在东京街头乘出租车，司机一般都是老人，一头银发，一定是干净整齐地梳理着，白手套，深色领带，好像不这样穿就亏待了乘客，让我印象最深的是车里的座套，洁白平整，看来都刚刚浆洗过，我猜他们每天都换座套，不过细想来不知道为什么他们这样做，反正座套再干净也还是要按里程表收费，乘客上车前也不知道你车里座套是否干净，我想他们这种干净是为了自己。

乘新干线火车，以前的印象是车很快，这次倒没觉得火车有多快，可也觉得它很干净。上车前先要等别人下车，下车的人下车后还在排队，原来是在排队丢随手从车里带下来的垃圾，是饮品罐、报纸等东西，下车人耐心地排着队把它们丢到站台的垃圾桶里。我经常觉得认真地从老远的地方把垃圾丢到垃圾桶里的人是很爱干净的人，而可以耐心地排队丢垃圾的人看来更干净。车里也很静，没有人在大声喊自己的孩子或情人，静是一种沉稳，也是一种干净。大部分人在阅读，专心的阅读细品起来也是一种干净，是干净的声音。怪不得日本的空调制造商致力于降低空调的噪声，不污染声音。世界本身就是清净的。

日本人是小发明家，不是大发明家，我觉得推动日本进步的是那些精美干净的小电器。日本的手提电话已差不多像卖汽水一样挂在大街上卖了，这些电话的颜色都很干净，大都是雪和青石颜色的混合。

日本的小城市大都规划得不好，小房子盖得很乱，有人说是因为防地震造成的，也有人说是因为土地过度私有化，使大规划没有可能。无论如何，日本人不是好的规划师，可小处的干净却纠正了大规模的错误。在每一个局部你并不感到乱，因为墙角和玻璃都很干净，人的感官是生活在局部里。

东京也有脏的地方，在涩谷的街角就看到许多乱丢的饮料瓶子，据说是昨晚在这里聚会的年轻人丢下的。年轻人静不下来，静不下来可能就干净不了，干净与不干净在哪里都有平衡。

从日本回来，勉强用"真干净"这三个字做题目，是因为喜欢《红楼梦》里的一句话："落了片白茫茫大地，真干净！"

干净是一种境界，也是艳丽和繁华之后的心境。

（2000 年 6 月）

> 新与旧是相对的，而生命力的标准是有其根本道理的……

新旧谈

去西北回来，觉得新与旧之间的取舍是件难事。在西北看到一些历史上的东西，回来看到香港的一些新建筑，好像看到进步的动力无非是在新旧间做选择，而且最终的轮回又使得新旧界限不清，人的喜恶也在新旧中不断跳跃。去到一些老企业，不断听到当地官员讲用了多少钱来挽救这些企业，我突然想如果这些输血的钱去建一个新企业，企业可能会好不少，有时选择去救旧的真不如去建一个新的。好像内地的旧城改造，改造旧城的成本远远高过建新城，旧城拆掉了，再回过来建一些似是而非的假旧城，我想真不如当时把旧城保存好，用来做怀旧，用来搞旅游，同时建一所新城，这样新与旧各得其所。不过我们的传统思维就是新旧难以割舍，结果搞得很混杂。记得有次遇到爱立信电话公司的一位负责人，问他在中国卖了那么多电话设备，推销秘诀是什么？他说秘诀是告诉中国客户他的旧设备还可以用，新设备只是补充。我们处在一个变化很快、很大的年代，新与旧的选择很多时候会使我们犯了错而不知。

企业里的事也是一样，几乎每天都在做新与旧之间的选择，创新的事说起来容易，可不易实现。我们永远会面对在建立新体制的同时如何由旧体制过渡，在培养新人的同时如何用好旧人，在建立新业务的同时如何管理旧业务，在发展新客户的同时如何服务好旧客户。不过企业里的新旧因素不是由时间来界定的，而是由其生命力、增长性来确定的。有些企业很老了，历史很久了，可它自身的活力却让人羡慕，我想这可能是企业人与自然人很不同的地方。在企业资源的分配上，专注主业是原则，在技术、成本、营销等环节去创新，从而击败竞争对手以求成长是发展竞争力的关键，但在原有的业务在地域、市场容量、产品周期等受到限制的情况下，下决心培养新的具成长性的业务则是企业发展的必要一步。

新与旧的关系演化到今天，不同行业的生意被冠以不同的新旧经济之分，新经济代替旧经济、新经济收购旧经济成了大势，可是很快，人们又觉得新经济也不可靠，新经济也遇到小麻烦，可见单凭新旧的名称之分并不能代表生命力，新与旧是相对的，而生命力的标准是有其根本道理的。在西安看了两个新技术开发区，最大的特点是基本没有外资，这可以让你看到国内的企业如何在开发区中由研究开始来发展，因为没有外资，他们成了开发区的主角，也发展得很好，而且开发区的发展也促进了区外经济的转型改革，据介绍新技术开发区代表了西安整体经济的20%还多，而且代表了经济增长的大部分，可见建立新的东西对改革旧东西的作用是很大的，有时可能大过你刻意为改造旧东西而做的努力。

（2000年8月）

> 竞争看起来是很表面化的生存形式，竞争中的胜负是汰弱留强的选择过程，其实因为竞争而带来的进化才是有意义的结果，也是在竞争中生存的条件。

进化说

　　我上中学时，学校里大都不读书，可不知为什么有位个子很矮的生物学教师还是把达尔文的进化论讲了一遍。后来再听到社会达尔文主义的说法，才知道有人也用达尔文的理论来分析人。现在做生意，竞争这个词用得很多，又时常让我想起达尔文的物竞天择。前几天电视里讲毛里求斯以前有种海鸟，因为飞得少，翅膀变小了，结果让来到这里的荷兰人给吃光了。竞争看起来是很表面化的生存形式，竞争中的胜负是汰弱留强的选择过程，其实因为竞争而带来的进化才是有意义的结果，也是在竞争中生存的条件。过去我们可能较多地注意竞争中的技巧和组织，面对整个进化的全过程理解不够，特别是有意识地进化是件不易的事。

　　这次去沈阳，路过一间很漂亮的白房子，是间餐厅，名字忘了，但还记得几年前在这里吃过一次饭，不记得什么饭，只记得当时这里没有华润雪花啤酒，我们一行人很气愤，让经理快点买来，否则我们不在这里吃饭。后来在其他餐厅也遇到同样的情况，沈阳雪花啤酒厂就在自己的车后面带着啤酒，那时我们觉得自己很懂啤酒，也自认为是专家，很喜欢到了哪里就把啤酒商标去掉，品一下酒的好坏，评头论足一番。后来我们也搞过品牌更换，不了了之，也在中央台做过广告，好像没有什么作用。再后来我们开始知道啤酒市场的层次、经销商的组织、啤酒的价格与地域的关系、我们的定位、我们的地盘等。啤酒还在做，生意看起来一样，可生意的做法改变了，进步了，进化了。用现在流行的话说，生意模型修正了。今天如果再去沈阳的白房子吃饭，如果再没有雪花啤酒，我们不会气愤，也不会逼人家马上去买，因为我们知道那样解决不了问题。

只要你留意一下，你就会发现周围的事物都在不停地改变、进化。你看麦当劳最近出了新的雪糕，百事可乐换了新的包装，摩托罗拉不断地有新电话出来，苦苦经营的亚马逊网站在不断增加新的商品，我女儿暑假后从山东回来，长高了，又胖了，不再光屁股在屋子里跑来跑去了。改变可能就是成长，是不断进化的局部。不能有意识地去进化自己的企业，不能积极地改变自身，迟早会遇到生存问题。

以前经常有些外汇和股票的小经纪来公司，因为我们觉得投资和炒卖是一回事，后来我们吃了亏，知道了不能太投机，这些经纪也就不多来了。再后来我们又发现我们的投资太分散，什么行业都有，不好管，我们又提出要专注主业不能过于多元化。可后来我们又发现即使在同一行业，你的业务也很容易搞成无联系的小块，是同一行业中的多元化，也有问题。这时我们又说在同一行业的发展要有协同效应，要有联系，可我们搞了一阵又发现我们的竞争对手很强大，我们在竞争上没有优势，我们又提出重组，提出做行业的领导者，否则我们就不做。行业的领导者不易做，可这是长远生存的条件，也是我们生意的思路不断进化的结果。

企业是法人，管企业的是自然人，这其中有很深的矛盾，因为利润和生命周期总有不同。企业的进化要靠这些自然人的努力来完成。自然人进化的速度不同，企业进化的速度也不同。这其中的进化是多方面的，有组织形式的，有产品的，有技术的，有营销的，有人的思维的。有意识的进化是人与生物界进化的不同，也是企业生存所要求的。

（2000年9月）

> 把生产商的产品最有效率地送到消费者手里，就是分销的核心。

说分销

华润创业要搞分销了。过去这么多年，华润创业没有提出自己的主业，因为当时更多地追求企业规模和单项资产的素质。今天，华润集团重组，华润创业被定义为做分销的公司。过去，华润创业有时被认为是地产企业，有时被认为是综合企业，在不同的时期也曾被视为红筹、蓝筹、紫筹等不同颜色的股，反正华润创业的身份一直不很清晰。华润创业的股份在地产股里市盈率算是高的，在综合企业里市盈率是低的，目前在红筹股里市盈率算是高的，在蓝筹股里市盈率是低的。MSCI（摩根士丹利资本指数）没有把华润创业收进去，说是因为华润创业的地域和行业分类都代表性不强。投资者也觉得华润创业的业务组合难以找到基准（Benchmark）来对比。这次重组，我们把华润集团和华润创业做得最多、最强的业务集中起来，放到华润创业，这个业务就是分销。

分销是什么？第一，分销是华润创业现在正做的业务。华润创业通过五丰行公司分销食品，通过超市和国货公司分销中国日用品，通过中港混凝土公司分销建材，最近华润石化也加入华润创业，华润创业就又有了分销石油、化工产品的业务。今后可能有更多的分销类型的业务加入华润创业。

第二，分销不是过去的传统贸易业务，但它是贸易业务在新环境下演变发展了的形式。传统的贸易业务是较单纯的中间人角色，而分销商的角色则增加了更多的我们称之为有附加值的服务。其实商品社会发展至今，动脑的和动手的人划分越来越清楚：拥有技术、拥有商标或品牌、拥有资本的人越来越变为动脑的人，他们不太想拥有过多的流动性不强的固定资产，他们只想成为商品流动过程中的组织者。在供给方，有给他们提供供应链管理的，像香港的利丰集团。前几天我们请冯国纶先生（利丰的当家人）来讲课，很典型的例子是利丰最近被任命为迪士尼儿童服装的全球供应链管理者。而在销售方，则有许多的分销链，从进口商、批发商、零售商到物流管理等。我们目前做供应链的业务不多，分销商的业务却是在行业中有很强地位的。把生产商的产品最有效率地送到消费者手里，就是分销的核心。

第三，我们的分销业务还会有许多我们自己掌握的制造环节，这可能是我们的业务特点、营商环境或管理水平所决定的，这些制造的环节会成为我们做分销业务的主要杠杆。比如华润啤酒，要把它说成是分销业务可能有点牵强，但分销在它的生意过程中的重要性不言而喻。如果分销环节做得好，我们的分销多过制造，我们对市场中商品流动的控制范围就大了。

第四，我们的分销业务还要着重建立自己的品牌，包括产品形式的、服务形式的、企业形式的，这个品牌可以产生在制造、销售等不同的环节，这也是我们的分销有别于其他一般分销的地方，我们希望制造分销的活动可以逐步积累到品牌价值上，并由此带动更多的商品分销。

第五，一般的分销商会把物流服务的部分外派，而因为我们的业务基础，我们有能力积极地参与物流服务过程，这就会使我们的分销模式更切合实际、更可靠、更能保证服务的水准。

第六，分销过程中伴随着商品流动的是资金的流动，对其进行的财务控制和融资服务是分销业务的重要部分，这方面更深入的认识和专业管理对我们提出更高的要求，也可以提高我们的业务层次和规模。

第七，分销业务也是充满竞争的，竞争中也是要有地位的，如果我们在分销行业做不到主导者的地位，我们还是处于被动，所以，分销的规模、分销业务之间的协同作用也是我们发展的必要条件。

（2000年10月）

> 在市场关系和市场规矩所建立的生物链中，不同游戏者的角色不停地变化……

生物链

　　偶然又看到一幅海洋生物的食物链图，由浮游生物到虾虫再到海洋生物链中最高的掠食者鲨鱼。再加上最近这一段时间世界事情多多，而且是惊人的坏消息，让人再一次惊叹人类与生物链的相似，好像这些关系都是生来注定的，特别是你身心的努力都已很投入，可仍然没有明显结果的时候，你更体会到改变这样的安排之难。世界已有了很多规矩，而规矩是由生物链中高层上的代表定出的，在这样的规矩之下，要改变命运就要分析一下。

　　记得我在伦敦坐出租车，开车的是一位巴基斯坦人，谈话中知道他来英国已有15年，对祖国十分怀念，但到今天仍没有钱买机票回去，他对英国几乎都是仇恨式的意见，他说英国人不工作，不勤劳，在这里干活的人都是亚洲人。我问他，如果这样，英国人靠什么生活呢？他迟疑了一下回答说："They are just waiting for the money！"（他们就是等钱！）我听了后觉得很好笑，也笑得很难过：一个来自很远地方的人，身无所有，面对大英帝国这么多年的资本主义规矩，实在觉得无能为力，英国人在那里等钱就可以了，这就是他们的游戏规则。英国人设计了一种方式，从资源的占有，比如说所有制，从所有制的形式和保护，到资源的分配、信用制度、交易制度，再到对劳动力的承认和交换，等等。这些规矩已用法律和道德的形式定了下来，在这些规矩下，英国人就变成了可以等钱来的人，而这些规矩被大多数人接受，大家也不再明显地意识到规矩的存在和某个方面的不公正。在这些规矩下，人作为一种存在，也因为他在社会中扮演的角色不同，在控制资源和分配财富上，形成了类似生物链的关系，特别是表现在激烈竞争的市场关系上，处在供应链不同环节的公司就有很不同的生物链中的关系，虾虫每天也很努力地求食，可它突然被鱼吃掉时自己很难觉察到为什么。

在市场关系和市场规矩所建立的生物链中，不同游戏者的角色不停地变化，这就是人的努力和思考可以改变命运而与纯动物的生物链的不同之处。要想在经济生活中可以很自如地"等钱"，你首先得有"等钱"的环节，经济生活中大家都得需要你，也就是我们常说的生意模型。在德国一些小镇上因为游客多，问事都要收钱，可谓"等钱"的典型，不过因为有古堡式的建筑，送钱者还是很多。要提高自身的生存能力，提高生物链中的地位，还要有自身的形象、自身代表的生活方式，让大家来追随，来引领生活的中心和潮流。产品的品牌代表了这样一种在有形与无形之间的地位，你通过自己的宣言，设计了一种财富流转的方式，你在有限资源上可以优胜其他人。如果你有技术，你可以发明创造，你有新的营销渠道，你有规模的垄断，你有过人的信誉，你有你的对手不具备的而你的客户又急切需要的东西，你就是生物链中的高层次者，不论别人喜欢与否，你都可以"等钱"了。因为经济生活的规矩就会来奖励它所需要的。

从生物链出来，到企业中，实际上任何在竞争中处于领先和优胜地位的公司都有至少一项（其他项也不会太差）很强的核心能力，这项能力使它建立了地位。处在转型中的企业是因为过往的经验告诉它，它自己没有了核心的竞争能力，可能是生意的方式、模型出了问题，经济生活中不再需要你了，也可能是企业的竞争对手有了新的竞争方式，突然之间跑到了生物链上面，使你处在极大的威胁之中。

这个过程可能很长、很困难，对每一个人都是考验，但它是企业进步中的必要一步，是企业资源使用的关键环节。这一步成功了，企业地位就提升了，企业的价值就全面地增加了，在企业竞争形成的生物链中，你就有更高级的食物。

（2001年9月）

> 如果有人说木棉花酒店好，那一定不是因为它豪华，而是因为它的新意和它对生活、对生意的态度。

木棉花

常出差，也就常住酒店，酒店住多了，也不太在意是什么星级，真正在意的只有三样东西，枕头、被子、淋浴。如果酒店有回头客，一定是这三样先过了关。

上星期华润集团在深圳的小酒店"木棉花"开业，这三样东西我都试过了，觉得他们用了心思，还想回去再住。这让我想起几年前在伦敦住过的一家酒店，叫 Savoy，是一家很好的酒店，还记得它的淋浴是垂直淋洒式的，有真的淋雨感觉，很自然。可惜从那以后这样的淋浴再没见到过，总以为一定是很高级的酒店才会有，这一次竟然在小小的木棉花酒店再看到，让我吃了一惊。

因为"木棉花"没有星级，不豪华，成本很低，建在回迁房的裙楼里，按往常，它会被建成一个大街上常见的招待所，而且成本也不低。可这次不一样，这一次新的经营理念转化成了设计理念，设计理念转化成了施工方法，没有华贵的张扬和俗气，用在深圳找到的材料，有严格控制的成本和时间，我们看到了一样让眼前一亮的新东西。澳大利亚的设计师 James 说，在国外，要用几倍的钱、几倍的时间才能完成。我看了酒吧餐厅，特别是小小的图书馆，觉得其中有了许多简洁、务实、个性的体现，小东西做好不容易，用"土"材料把"洋"东西做出来也不容易，我相信住在木棉花酒店的人，会体会到它的心思、它的不同，体会出比住一般酒店更多的东西来。

其实在一个布满竞争的环境中，成功者的创新无处不在。我礼拜天在街上走了一下，发现虽然香港经济不景气，可创意和变化并没有停下来。ESPRIT 和 MUJI（无印良品）在铜锣湾利舞台的店都开大了很多，货品种类丰富了很多，细看，它们的定位已在转了。

走进地铁，地铁里充满了灯箱广告，灯箱广告已用了 20 年，这次看到有些灯箱广告已换了有声音、有动作的薄身电视，地铁车厢里的停站指示也换了闪灯的地图，而且到站开哪边门也有红绿灯显示，看来 MTR（香港地铁公司）在做广告、订做新车箱时也没有完全照搬以前的做法，也想让广告商、让乘客都方便一些。

从地铁站出来，在尖沙嘴看到了新世界购物中心的名店坊，没想到在这样一个最旺的购物区，有 1/3 的铺位是空的，很冷清，可尖沙嘴其他地方空置很少。从名店坊出来，看到了过去的丽晶酒店，现在叫洲际酒店了，因为新世界已把它卖了，再看到过去的新世界中心，也改名叫 AIA Tower 了，看来新世界也把它卖了，新世界这间公司这几年不顺，为什么呢？

再走，来到星光行的商务印书馆，是一间很新的店，有读书和喝咖啡的角落，在香港很难得，买书的人排成长龙，看来大家喜欢它。铜锣湾也有商务印书馆，北角也有商务印书馆，但从来没有人排队，看来都是卖书，不一样的卖法是不一样的结果。

现在知道木棉花酒店的人一定不多，我想以后可能慢慢会有人知道，我也相信来过的人有时会谈论它。如果有人说木棉花酒店好，那一定不是因为它豪华，而是因为它的新意和它对生活、对生意的态度。我想如果大家在深圳，可以到木棉花酒店一聚，谈谈我们周围和我们自己的变化。

（2002 年 1 月）

> 如果大家用比较开放的心态看这个行业，找出自己在行业中的一个角色来，这个行业的民族资本就没有做不强的道理。

以开放心态看待连锁业竞争

问：华润准备在连锁的路上走多远？华润准备在连锁业如何走上领导地位？

宁高宁：这是一个很大的题目，实际上我能否很好地回答这个问题，自己也不清楚。

华润在香港有600亿港币的资产，近500亿港币的营业额，从华润来讲，香港业务有非常急迫地往内地发展的愿望。华润很多年前就往内地发展，但是最近感到发展速度太慢，慢到使得香港的投资者、支持我们的银行都觉得太慢，他们认为内地有很多商业机会，华润是最适宜去内地做生意的公司，为什么不快一些。简单地讲，整体上华润对在内地投资有很强烈的愿望，当然也包括在零售业投资。

从投资者角度，华润希望在零售业投资50亿港币，3～4年做到500亿港币营业额，负债比率0.6左右，完成后股本金回报率达到10%，店铺数由实际发展情况决定。对华润来讲，这样就能提高目前的资金使用效率，符合目前资本市场对我们的要求。

问：并购整合显然是华润的一个强项，通常华润选择并购目标是怎样确定的？

宁高宁：并购整合应该有些基本条件，目标选择主要是看能不能达到整合的目的，一般的重组、一般地参与协作发展，不是我们的主要方向。我实际不太赞成合资做零售业，因为零售的采购、物流等，需要有相当强的协同和组织。如果有很多股东，各店的股东结构又不一致，股东意见不一致，使得在北京、上海、广东的店不能协同起来，这样，虽然大家可以将营业额加起来去参加排名，但完全形不成整体发展的核心竞争力。任何并购最主要的是本身在区域上、目前管理上、并购以后的管理方式上能否形成大家统一做战的基础，而不是一般地参与。

问：在企业扩张中，是依靠股东的投入还是银行借贷好，各有哪些风险？

宁高宁：这主要看财务比率。银行能不能借给你钱，要看你的企业中还有多少股东的钱。目前超市连锁行业竞争激烈，如果价格也变成主要因素的话，企业在扩张过程中能否掌握住比较健康的现金流量周转，可以说是难度非常高的事情。靠压供货商的钱去做扩张是难度很大的事情。一旦形成区域垄断、生意比较成熟、可以有效控制现金周转了，提高负债比率只是有利息支出的问题。从中国目前的连锁零售业发展来讲，很难预计经营额会有多大的起伏，股东资金应该是主要资金手段。

问：外国零售业在中国的发展前景如何？

宁高宁：我持谨慎乐观的态度。我觉得，这个行业是相当本土化的行业，因为从全球来看，没有哪个国家大型连锁超市特别是消费品零售被另外一个国家占领。Wal-Mart 在美国强，在南美也强，但很难做到占领法国，它有这个能力也没有做到，在中国也不可能做到这一点。从其他行业看，例如啤酒行业，华润参与了 4～5 年时间，外资也同时差不多参与了 5～6 年时间，今天外资啤酒厂已经很少；在这个行业里，从生产、销售一直到营销方式，并不太适合外资来做。又例如地产行业，没什么真正的外资，特别是住宅行业，包括香港的地产商觉得熟悉房地产，结果在内地做得也不是很好。家电行业更典型，慢慢地外资也出去了。连锁超市行业应该是有很强的文化根基在里边。很强的外资公司当然会给我们压力和竞争，但是不是说会把中国的、民族的企业一扫而空？不会的。

当然，这里有个规模问题；规模是个大问题。最主要的是，我觉得大家不应该用小业主的心态来看这个行业。小业主总想这是我的店、我应该怎么样，这样在规模上就有问题。如果大家用比较开放的心态看这个行业，找出自己在行业中的一个角色来，这个行业的民族资本就没有做不强的道理。

（2002 年 2 月）

> 孩子的名字是品牌啊！没有个清请楚楚、明明白白、响响亮亮的名字，你让孩子咋做人嘛！

孩子的名字是品牌

老皮家生了三胞胎，长得一模一样，老大刚出世，大家因为高兴，忘了取名字，叫老大；老二再出世，都抢着取名字，这老二有五个都很漂亮的名字，可很难记住用哪个；老三再出世，只取了一个名字，叫皮震天。

20年后，皮震天已是乡里的头面人物，老大、老二却没人知晓。老皮家老爷子着急，问道：怎么一样的孩子，皮震天这么有运气，老大、老二不行呢？乡里有位杂货铺的东家说，唉，这不很明白吗？孩子的名字是品牌啊！没有个清请楚楚、明明白白、响响亮亮的名字，你让孩子咋做人嘛！

由此谈到啤酒的品牌问题，我认为：

（1）品牌不是一般促销的口号（虽然大喊也可以卖货），而是生活方式、群体态度、情感及信任的载体，"You buy things from the company you like"（每个人买东西都会去自己喜欢的公司）。因此说，全国统一的品牌能清晰完整地表达企业。

（2）统一品牌可以在很大程度上统一内部的管理，体现核心价值。全国性的品牌其实是全国性啤酒企业成功的基本条件，所有成功的啤酒企业都是基于品牌。地方品牌的组合不需要全国公司。

（3）中国的消费文化（麦当劳、肯德基、可乐、迪士尼）最终会形成大市场、大品牌。全国品牌是不可避免的，优秀企业应尽快跳出"农民军",跳出价格战,形成全国品牌优势。

(4)啤酒企业的价值应该更多地体现在品牌上,而不只是机器设备上,特别是长远价值。大麦消耗了,没有了;水电消耗了,没有了;而推广费花掉了,却会形成比它的费用更高的价值。

(5)集团统一指挥,利用全国电视媒体,有规模,减成本,是成本最低的品牌。

华润啤酒做全国品牌有以下三种路径可供选择:

(1)"One-shot"。突发的、一夜之间全国所有工厂生产一个牌子的啤酒,这样品牌突出,价值高,但风险很大。

(2)"Co-exit"。要分步骤、有比例地进行全国性品牌建立。这样风险小,品牌不太突出,操作有矛盾,易受消费者及市场影响。

(3)"Gradual"。逐步发展,成熟一个,推广一个。这种方式的特点就是慢、易变,最终不一定能形成全国性品牌,品牌不鲜明、不突出,但可维持目前状况。

选择哪种方式建立全国品牌,要根据我们准备的程度,目前消费者在忠诚度不高的情况下,调整品牌组合还是有足够时间的。

华润啤酒具备建立全国性品牌所需的条件:

(1)所在大部分区域都在硬件和管理上有条件生产"Local Premium"质量的统一品牌的啤酒,我们既可以统一品牌,又可在本地生产。

(2)有统一推广的资源,可以形成巨大的宣传及逼近态势,引导消费,带起潮流。

(3)不因为小事来干扰我们建立全国品牌的进程,要成立专门组织,将建立全国性品牌作为考核的指标。

(2002年2月)

> 核心竞争力是超越竞争对手并取得更高利润和更持久生命力的能力。

竞争力

（一）

华润创业又快要公布业绩了，我们内部就说要交卷了。每年到这个时候，我们对财务数字是最敏感的。我们很注重资产多大、盈利多少。今年，在交卷的时候，我觉得我们应该想一想我们的盈利能持续吗？我们的真正的生命力、竞争力在哪里？

哈佛大学的迈克尔·波特（Michael Porter）在1980年写了本书《竞争战略》（*Competitive Strategy*），至今已加印了60次，可见对竞争的分析是企业管理上最基础和重要的部分。我们公司今天有盈利，可长远来讲，有竞争力吗？有竞争优势吗？我们怎样才能建立竞争优势，不让对手打垮我们，从而保持持续增长？

我看竞争优势还是要有规模，有规模才有发言权。美国人开了艘大航空母舰来香港，上去一参观，觉得这是以大压人的典型（商场上这叫以本伤人）。说是军舰，实际是一座能满世界走的"城市"，装满了武器，还有飞机场。我看建造当时就不是造船，因为大家都有船，多一艘意思也不大。航空母舰跳出了造船、造军舰的传统概念，这是它的威力，在商场上就是竞争力。这艘航空母舰的名字叫John C.Stennis，John C.Stennis是位参议员，他最支持建航空母舰，他说有了航空母舰就有和平。我在上面看不到和平，只觉得它想告诉别人：我来了，别争了。当然规模也不是一切，规模大了也不一定能成，把许多小破船捆在一堆也成不了航空母舰。规模还要有管理、有协同、有统一作战的能力。

华润创业涉及的行业很多，我看我们的竞争力之一就是要在我们所处的行业中形成有影响的规模，做不到这一点，我们就不应赖在这个行业中。

除了规模，竞争力还体现在不断创新上。创新产品、创新营销方式、创新管理方式都是提高竞争力的方法。华润创业的生意大都在相对成熟的传统行业，大创新也不易，可空间总是有。去年生意增长较快的 Red Earth 化妆品生意，我觉得在产品定位、营销方式上就是很好的创新。在商场中走过它的铺位时，眼前一亮，觉得下这么大本装修，大明星做广告，产品一定很贵，可仔细一看，并不贵，买了以后还有点占了便宜的感觉，这样的生意肯定要增长。

竞争力最后还要落到成本上，成本还要落到管理上，管理还要落到人上。华润创业的人常说：我们要比我们的对手少犯错误，更快进步，这最终会体现在我们长久的竞争力上。

我建议今年我们每个管理者坐下来，仔细分析一下我们所处的行业、我们的竞争对手。如果我们胜过对手，我们要知道我们做对了什么，以后我们应下多点气力做得更好；如果我们输给了对手，我们应该知道对手的优势在哪里。让我们在产品、服务、品牌、营销、成本、资金、管理等多方面建立起我们的竞争优势，这才是公司长远的持久的力量。

（二）

核心竞争力是一个很大的词，大到无从下手。像任何大的概念一样，不细分它就没有实用性。而且这个概念的产生有它所处的企业发展的基本水平，不能为了找出自身的所谓核心竞争力而去把这个概念的标准降低。谈到华润的核心竞争力，严格意义上的核心竞争力我们是不明显具备的，或者说是正在形成的过程中。

华润有华润的历史，核心竞争力需要在一个长期的市场竞争环境和管理理念下形成，这样的积累我们功夫还不到。华润过去是纯国有企业，我们要把它逐步变成更符合竞争环境的股份制企业；华润过去是垄断型的企业，今天，我们要转变为一家在市场上全方位竞争的企业；华润过去主要是香港企业，可今天，不论公司的生存还是发展，都要求华润转变为一家跨内地和香港，然后再走向国际的企业；华润过去主要是做贸易，相对垄断环境下的贸易，今天我们要建立起新的生意模型；华润过去是非常多元化的企业，过度多元化使华润资源分散，不能形成行业领导地位，今天我们要把华润转变成有限度、相关多元化的企业，并要求它的每一个单元都是专业化的；过去华润是相对分散、分权的集团管理模式，今天的竞争环境要求我们转变为有协同效应的、统一战略目标的企业；过去华润的员工来源很多，不稳定，今天的企业竞争要求我们的管理机制和员工素质适应市场要求，形成学习型、有竞争力的团队。华润的过去有很好的基础，而这种转变也在几年前就悄悄地开始了，可是，即使完成了上面所说的这么多转变，我们还提不到真正的核心竞争力，因为许多与我们正在竞争或将要竞争的企业，特别是国外的企业，它们大都不需要上面的转变，我们的起跑点可能比别人落后了一些，这是我们必须认识到的，可能也是我们要形成核心竞争力的难处。

核心竞争力是超越竞争对手并取得更高利润和更持久生命力的能力。竞争力是市场的产物，市场的裁判是消费者，从消费者的角度看，他关心的产品特点就只有三方面：价格（企业的成本）、产品（性能、创新）和品牌。对照华润来看，由于我们目前业务分布的特点和成本结构，在经营的大部分业务上做不到成本领先。在产品（包括服务）的技术、性能、创新上，由于我们还在熟悉我们刚转变了的生意模型和行业，这种产品的差异化和创新还是远远不够的，也很难成为我们的核心竞争力。品牌一直是华润的弱项，背后有其历史原因，因此产品的品牌目前更难成为我们的核心竞争力。

从一个有使命的团队，到形成客户看到的核心竞争力需要很复杂的、科学的过程。我常去深圳的一家华润超市，看到了这一两年来这家超市的发展和变化，也感受到（作为消费者）企业内部管理的进步。这个超市近来面积加大了，服务种类多了，生鲜产品多了，排队的人多了，听说把它附近的水果摊竞争没了，旧的菜市场冷清了。我自己也很享受（谁都不认识我）在这家超市里走一走。可最近两次买榴莲的经验让我觉得要想把一种基本的服务理念贯彻到底是很长远的过程。我两次想买榴莲，职员都说今天的榴莲不熟，挑不到好的，或者说要想开榴莲就要先去收银台交钱，很明显他并不想卖这些榴莲，可能开榴莲很麻烦，可能卖不卖对他都一样。出于想试一下的心理，我坚持要买，要找领班，最终榴莲买成了，榴莲也很好，也没有需要先交钱。

由此看出，竞争力在最终端上让消费者感受到，需要一个彻底的组织上和管理上的革命。

（2002年2月）

> 生理性的需要是有限的，情感的需要则是无边的，星巴克击中了消费品定位的要害。

星巴克

今天大家都知道星巴克（Starbucks）了，可十几年前谁也不相信星巴克会有现在的成功。那时候星巴克是几间小的咖啡店，没有任何能制造神奇的理由。创业的人为了筹集开业的几十万美元，费了很多周折，人们当时一点也不信他。因为咖啡大家喝了几百年，还没有谁把咖啡做成全球业务，咖啡店在根儿上可能就是小生意的料子，何况是在边远的西雅图咖啡店。咖啡也是大家都看惯了的老生意，世界上的咖啡店大同小异，谁也没想去改变它，因为大家觉得咖啡就是这样子，改也真难，好像也不能改。何况星巴克也没有本钱，没有大投资，想把几间小店做成世界级企业，可谓无米之炊。星巴克还想把自己做成世界名牌企业，可又不做（也没钱做）广告。没有大量广告投入，要成为名牌，真有些不可思议。而且星巴克也生不逢时，它开第一家店的时候正赶上波音飞机大裁员，大批的人离开西雅图，街上很冷清，去西雅图飞机场的公路上有人竖了块大牌子，是玩笑，也是无奈，上面写着"Will the last person leaving SEATTLE——turn out the lights"（请最后一位离开西雅图的人关灯）。可这些都没有妨碍，星巴克走到今天已成了咖啡的代名词，它很优雅地告诉人们咖啡的另外一种喝法和咖啡店的另外一种做法，看起来很难成的事星巴克做成了。

回想起来星巴克也就是这几年才引起我们的注意。几年前有位老外给我讲他现在去上海工作不感到难过了，因为上海有了星巴克，他说他住的地方其实离星巴克很远，但他每早还是要去买一杯大大的咖啡，因为没有这杯咖啡，他一天都不好过。我当时想咖啡这东西哪里都有，非要到这间去买，真有些怪。后来北京西单文化广场旁边也开了家星巴克，我曾听到华润置地的同事争论打赌，说输了就请你去星巴克，我想星巴克可以被看成表示自己严肃和面子的地方，可以想到它刚开业就在大家心中有了地位。再后来香港华润大厦附近也开了家星巴克，我进去坐了一会儿，地方不大，咖啡也很贵，但坐下来觉得很温暖，而且从那里懂得咖啡中的飘香（Aroma）最重要，因为人们对咖啡的感受90%来自嗅觉，10%才来自喝咖啡的味觉。我当时想，喝点咖啡还搞出这么多学问，星巴克看来有些意思。在伦敦，我问一位股票经纪，为什么伦敦有这么多星巴克，他说"Starbucks took London by storm"（星巴克像风暴一样攻占了伦敦）。这时候，我觉得星巴克这些小小的咖啡店，后面要有大故事了。在飞机场，看到一本书，是星巴克的创始人霍华德·舒尔茨（Howard Schultz）写的，书名就劈面而来，让你一惊，叫《将心注入》（*Pour your heart into it*）。我拿着这本书，还没有看，心里想，看来去星巴克不能光是喝咖啡了，我们要接受一次洗礼了。

　　表面看来星巴克只是把咖啡店装修了一下，它并没有改变咖啡。其实星巴克把什么都变了，它把喝咖啡这种西方饮食中最古老的事，又用心重新设计了一遍。用心在这里很重要，用了心，咖啡的味道就不一样了。星巴克把咖啡店重新挑选了，又细心分类了。它觉得咖啡是有灵性、很浪漫的东西，不能随便就喝即时咖啡。星巴克把做咖啡的机器重新设计了，咖啡的磨制、蒸煮都不同了，有了新的标准、新的定义。过去大家讲IT产业的时候说谁制造标准谁就是赢家，今天，星巴克在咖啡行业里制造了标准，谁曾想到这样古老的行业，过去从来没有标准，现在不仅仅是咖啡的标准，还有水的标准、温度的标准、奶的标准、杯子的标准，星巴克都重新设计过了、标准化了，甚至是咖啡机发出的声音都成了制造气氛、产品服务的一部分。星巴克也改变了它的客人，过去大部分人去喝咖啡是生理性的，今天真的多了一些情感性的需要。生理性的需要是有限的，情感的需要则是无边的，星巴克击中了消费品定位的要害。今天在星巴克卖咖啡的人也不同了，过去咖啡店的服务生都是很低级的工作，很少有人会看成是正式职业，今天星巴克带给了他们很多的尊严和体面。据说星巴克鼓励服务生与客人谈天，让客人有家里客厅的感觉，据说这时候咖啡的味道最好。这样做下来，星巴克成了咖啡崇拜的庙宇，也成了市值100亿美元的企业。

我不想把所有别人的企业与我们的企业来联系比较，可星巴克这件事与我们肯定是有关的，不信大家可以细琢磨一下。

（2002年7月）

> 品牌是一种由内到外的东西，是一种自然的散发，是在深厚的认知基础上的创造……

再升华

我们很多人看到品牌的作用是从买带着漂亮标签的衣服开始。20世纪80年代从内地来香港的人都说这里的东西贵，为什么贵？大家有句口头语："不就是卖个牌子吗？"说这句话的时候对这些牌子有很多不屑和抗拒。可后来不知从谁开始变了，大家先把领带、衬衣换成有符号的了，然后又把西装换了，这几年连鞋和袜子也都带符号、带牌子了，大家也不再强烈地认为名牌就是骗人了。卖牌子的人没有争论，也没有减价，他很自信地把大家说服了。

几年前华润也成立过一个品牌委员会，今天大家可能已不记得了。当时的想法很直接，觉得有品牌的东西好卖，可以卖好价，我们也应该搞品牌。可后来品牌的事也没有多大进展。回头再看，原因很多，但在核心上认为品牌是表面的东西，是可以贴上去就卖的标签，才是品牌建立不起来的主因。

英文里有个词叫Perception，我觉得中文词典里翻译得不太好，除去知觉、领会、了解等意思之外，它有个很深的意思就是外人的感觉与你自身感觉的不同，或者你对一项事物的感觉与真实的事物不同。有意识地、正确地表达，甚至引导公众和消费者对产品的Perception，是品牌建立的关键。

供应商掌握自己的生产过程相对容易，掌握市场难；掌握有形的形状、颜色容易，掌握无形的人的喜好难。品牌可能就是这两者之间最好的连接。有人说品牌是信任，是创造，是质量，是品位，是竞争力，是生活方式，是一群人的努力，我看这都对。其实品牌是综合的东西，它是一种内部综合的努力，包括企业管理中所有的内容，再加上一种适当的外部表达。这两者必须平衡，否则企业就没有持久的活力。过去我们努力做了很多有形的、物质的、内部的事情，我们对外表达得不够，我们的公司形象、产品品牌对外表达得不完整、不精确、不鲜明，企业由此创造的价值也不大。

集团这几年在内地发展引起了很多人的注意。别人一直在讲华润集团有钱，大手笔，其实这几年在内地的投资不到集团总资产的5%，而且我们改造了很多企业，改变了很多人的生活，也取得很好的效益。因此，有目的地塑造一个实实在在的、推动内地经济发展、造福社会的企业形象对我们企业未来的成长是很有利的。我们经营的商品从食品、饮料、啤酒，到地产、住宅、零售；从物流到纺织、到电厂、到水泥，到石化；我们在发展业务、建立团队的同时，也要表达我们的价值、文化以及对客户和消费者的承诺，从而打造我们的品牌。

品牌是一种由内到外的东西，是一种自然的散发，是深厚的认知基础上的创造，而不是沿街叫卖。我觉得我们自身的准备已到了这一步，外部的环境也需要我们有意识地建立形象和品牌系统。这对我们来讲是一次再升华的过程，也是一次价值创造的过程。

（2002 年 8 月）

> 山林水路间，天然翡翠城。

翡翠城

过去常有人说中国商品因为不注重包装卖不出好价钱，这种说法最近几年很少听见了，可能因为大家都挺注意包装了。可包装毕竟是外表的东西，应该是内在实质的适当反映，能否掌握好这个度，是对一家公司的大考验。从公司包装上市开始，包装已变成了一个并不很正面的词。最近我在北京又看到一些商品如月饼、酒，它们的包装有些过分夸张，虽然有人说这些东西主要是送礼的，当然要包装得好一些。可我想即使是收礼的人，看到这种包装也会觉得这礼物言过其实。也听说今年的月饼是散装的卖得最好，看来还是实际的东西会赢得大部分人。从忽视包装到过分包装再到恰当包装，无论对一个产品、一家公司，甚至一个人都是成长过程中要慢慢走过的路。

住宅的销售过去很直接，但现在市场的竞争使得意念、推广、样板房等包装类的东西越来越多，听说华润置地几年前卖华亭嘉园时在地盘外单独建了个样板房，在当时的北京还算领先；可今天，几乎所有的楼盘都这样做了，样板房越建越好，里边的家具越摆越高档，而且听说初期还很起作用，人往往是缺乏想象力的，爱信眼前看得到的实物，要不也不会有那么多因自己买到的房子与自己想象的房子相差太多而引起的官司。可见虽然人们易受外表的吸引，但名要副实还是很要紧的。

翡翠城是华润置地的一个新项目，它在北京南城的大兴，大兴从一开始想包装就难，因为这里出名的不是居住，而是西瓜，所以，这个地方从一开始就没有给人太多包装的幻想，也不敢指望做出平庸的房子靠包装卖掉。它开始就要创新，创造新的居住环境，创造有内涵的真实的东西，就像深巷里的酒，酒气要由自身散发出来，而不能单靠路边的大幌子。

翡翠城的灵魂在于它的自然，哪怕在一个很自然的地方，人想在上面再创造出和谐来也不易。可来到翡翠城，你会感受到它创意中的自然，它让房子与自然最大面积地贴近，你能感到土壤，感到外面的景色进到屋里来了，房子融在自然中，不凌驾于自然之上。翡翠城是现代的房子，它有一切现代的方便和舒适，可它避免了现代化给人带来的距离，建造了一个很自然的社区，你能在家里看到邻居的小孩在路边的喷水池边玩耍，也会认识街口小店的营业员，自然与和谐给住户带来了亲切、安全的感觉。翡翠城未来是由小溪和果树包围着的，它生在自然之中，自己也会慢慢成熟，与周围的自然融在一起。

想把翡翠城准确地告诉别人并不容易。它很沉稳地、很有耐心地去这样做，要找到一个与内涵和主题一致的方法。开盘时罗大佑来演唱，听说卖得最好的是以罗大佑的歌名命名的户型，叫"童年"。看来客户与发展商的想法开始相通了。

翡翠城的所在地大兴区盛产西瓜，听说很多年前这儿的西瓜很好吃，前几年因为改良品种，施化肥，西瓜大了，味道却不好了；近来西瓜品种又进步了，不仅大了，而且也好吃了。西瓜也在不断地进步。大兴区的书记带了不少人去看翡翠城，给人们说大兴不光有西瓜，还有翡翠城。把西瓜与翡翠城来比，我觉得比得很好。

（2002年9月）

> 如果一家企业有了一群不错的人，怎样才能把这些蓬勃的生命转化成推动企业进步的朝气呢？这可能就要靠把这个组织发展成永不满足、永不停息、不断探索创新的组织了。

华润堂

企业经营要创新这几年说得很多，但真能成功创新的企业不多，小到设计一件新衣服，大到发明一项技术，都是创新，但为什么有人成功，有人不成功呢？我看主要原因是看这创新是否满足了一种需求或创造了一种需求，创新的评判者不是自己，一定是市场。

SONY 20年前把录音机变成Walkman（随身听），满足了走路也可以听音乐的要求，也可以说创造了走路听音乐的需求；Swatch 10年前把瑞士手表时装化，满足了不仅把手表看作计时的贵重物品，而且是与服装相衬的装饰品的要求；星巴克把喝咖啡变成了一种品位和文化，满足了饮品中的精神及环境需求；ESPRIT把简单的便装赋予了青春美感，满足了年轻、活力与时尚的复杂心理需求。这些成功的例子都让这些企业在市场上取胜，也让消费者得到了满足和享受，这时创新就有了价值。

华润集团的百货业务在香港已有几十年历史，这几十年香港零售业变化天翻地覆，我们变化不大，所以华润集团百货的市场地位也下降了。最近新开业的华润堂，把健康生活的主题引进了商店，而且在这个主题之下，调整了商品结构、店面陈列、服务方式、价格定位，开业以来取得了不错的业绩，我看过，也感到是很好的创新。现在客人来店里已不再是买一般的用品了，而是可以买到健康了。健康当然是一种很强的需求，也是很强的精神要求，在实物商品上加上精神的元素，并用这种主题来改革商品的构成，就成了华润堂得到市场接受的原因。

华润集团百货前几年也做过一些调整，但主要是表层形式上的，深层的变化、以新主题带动的商品结构变化不多，所以效果不大。看来创新也是很苦的事，是一个从里到外的过程，这个过程华润堂刚刚开始，华润集团中艺商场也刚刚开始，华润集团的其他业务也刚刚开始。因为创新不是一次性的，是一个不断持续的过程，也是一个不断地要精神与物质、形式与内容统一、配合的过程。能跟随或适应市场的变化可以算是聪明，引导市场的变化才能算是创新。

在内地，我们所处的大市场正处在一个消费和富裕社会要起飞的时期，一方是收入不断迅速提高的人群，一方是层出不穷的创新与供给，新的生意模型会不断产生出来，同时，消费层次会不断清晰，消费要求会不断提高，谁能准确地把握消费的趋势，服务最多的人群，不断优化自己的服务方式，谁就是成功的企业。这就要求有专业的信息、专业的分析、专业的团队。把现有的业务时尚化，面对市场，引领潮流，华润堂迈出了第一步，它还有很远的路要走。

华润过去几年在积极的战略转型中，其最核心的特点就是在努力建立适应市场要求的新业务，这个过程可能会再用几年时间，其实任何成功的公司都经历过这样一个过程。

ESPRIT做了20年，今天有了成绩，入了恒生指数，我前几天在香港机场遇到ESPRIT的邢李㷧，匆匆说了几句话。我说："你这几年做得很好，大家都很佩服。"他说："唉，我都不知道，推动，推动，不知不觉事情就做好了。"我相信这是他的真感受，企业在持续推动下会在不知不觉中发生质的变化。邢李㷧就是这样一个人，他不张扬，也不过分谦虚，对市场极度敏感，说到底，企业最终是人的品格的反映。后来再与华润零售的唐旭东（他也是华润与ESPRIT在中国合资公司的总经理）说起了这件事，他说ESPRIT

做得好，是因为邢李㷨用人用得好。我想，如果一家企业有了一群不错的人，怎样才能把这些蓬勃的生命转化成推动企业进步的朝气呢？这可能就要靠把这个组织发展成永不满足、永不停息、不断探索创新的组织了。

（2003 年 1 月）

> 鲤鱼不跳龙门是枉得虚名，公司不能面对挑战就有生存问题了。

鲤鱼江

湖南有个鲤鱼江，鲤鱼江边上华润集团建了座电厂。两年前奠基的时候，我就问当地的领导，鲤鱼江里有鲤鱼吗？回答说，有啊！因为行程很紧，也没有看到鲤鱼，心里存了些疑问。其实我问有没有鲤鱼也不是想来钓鱼，只是有些投资只见水，不见鱼，心里免不了焦急，这里既然叫鲤鱼江，如果又有鲜活成群的大鲤鱼，对电厂的成功不就是一个很好的兆头吗？人可能就是这样，如果对一件事的前景不能完全把握的时候，就想借助于一些可能并不相关的事来增加自信心。

香港有个鲤鱼门，现在是个吃海鲜的地方，多年前是个渔村，因为那时没有过海隧道，来这里要坐船，看着点点渔火，小船来到这里，更增添了它的神秘感。我记得有位香港的老板说他这几年生意做得顺，是因为他常来鲤鱼门。实际上大家心里清楚，他每次来鲤鱼门都是请内地的公司，他生意做得顺是因为赚了内地公司的钱，鲤鱼门不过提供了个吃饭的地方。不过，人总是需要点象征和依托的，把自己的公司与活力和跳跃的鲤鱼联系在一起是让人向往的。

鲤鱼之所以可爱是因为有鲤鱼跳龙门的故事，如果没有跳龙门的故事，鲤鱼只不过是一条普通的鱼。这与公司一样，要有品牌形象，大家都知道你代表着什么——是鲤鱼还是草鱼；同时要有独特的成长方式，能抓住公司发展中的关键时机，推动公司的飞跃。鲤鱼不跳龙门是一条普通的鱼，公司不跳过成长中的几道关键坎儿，也只是一间普通的公司。

我觉得公司在发展中重大的挑战五年左右一定会遇到一次，每次都会有一两年的时间，也可能会更长，应对这些挑战要求公司有大的经营转变，一定是困难和痛苦的。管理一个正常、稳定的业务相对容易，领导一个转变中的业务则相对困难，这也是经理人工作真正的难处所在。中国的外贸企业过去几年都经历了业务环境的巨大变化，这是政策变化带来的；柯达公司因为数码相机的出现业务受到冲击，这是技术革命带来的；麦当劳公司近几年盈利放缓，这是消费者喜好改变带来的。这样的转变，如果是规模较小的公司，把握不好，可能就不能生存，即使是有基础的公司，错过了一次，最多不超过两次，也就落伍了。

鲤鱼跳龙门是要有积累的，也不是所有的鲤鱼都能跳过龙门，跳龙门的鲤鱼除了有逆流而上的精神和心怀远大目标外，它也会用在顺流时的营养强壮自己。公司也是一样，迎接挑战的条件是自身的健康，迎接挑战的准备有时是财力的，有时是人力的，有时是技术的，有时是市场的，有时是制度的，有时是组织的。可挑战来临时，就要坚定地迎接它并通过战胜它得到发展。鲤鱼不跳龙门是枉得虚名，公司不能面对挑战就有生存问题了。

几个月前，鲤鱼江的电厂建成发电，我们在江边一间小餐厅里尝到了江里的鲤鱼。上个星期，华润电力旗下的十几家中国电厂一起在香港上市，集资近26亿元，成了一间市值100多亿元的公司，这条鲤鱼在经过了几年的努力后，跳过了第一道龙门，前面的水面更宽了，未来的龙门也更高了。

（2003年11月）

> 感性和理性的配合，心理满足和实用满足的结合才会产生出商业上成功的商品。

圣诞节

圣诞节要到了，香港中环立起了一棵很大的树，取名叫许愿树，据说是为了吸引更多内地游客来香港。在华人郑重其事地过洋节日的地方，香港算是老资格了，可这么多年，第一次搞这么大的圣诞树，可见用心良苦。有意思的是，圣诞树竖立起来后，还没到圣诞节，广场上人已经很拥挤了，拍照的人找不到好的位置，广场上又竖立了几个小牌子，告诉人们在什么角度取景最好，这就更让游人提高了拍照的兴致。我从旁边走过，看到这么多兴高采烈的人，突然感到，需求有时真是创造出来的。

经济学上有供给与需求两条线，这两条线的交点决定了商品的价格和供需平衡时的产量，这条基本原理让所有诚实的生意人避免犯错误，可也让完全拘泥于这两条线的人显得呆板。这两条线如果用在完全同质化的大宗商品上是很对的，可人们的需求恰恰是多样化的，多样化的需求就给创造带来了空间。在人们的基本生存需求满足以后，供给方的创造就成了推动社会进步的基本动力。如果今天没有发明手提电话，谁也不会抱怨，可就是因为手提电话的发明，才创造了一个大产业。创造需求、引导需求已成了企业发展的主要推动力。

圣诞节本来是耶稣的生日，可这对于商业社会来讲已经不重要了，重要的是圣诞节可以创造新的需求。有人说所有节日都是商人创造出来的，可每一个圣诞节对商人来讲都是一场考试，老套的圣诞老人、圣诞卡已变成大宗商品了，供过于求了，如果多少年前第一次想出圣诞卡主意的人可以建立一家很好的公司，那么今天的圣诞卡公司已因为人们在互联网上互致问候而遇到经营困难了。香港中环的这棵圣诞树因为够大，因为许愿树的名字让人向往，它就创造了一个新的需求，今年这里的圣诞节就与往年不同了。

记不清是哪位哲学家很早前就说过，世界是由数字组成的。虽然后来在哲学家的关于世界本原的争论中，这个观点被忽略了，可现在回头来看，这位哲人的意见真有点先见之明。社会越发展，感性的东西越少，理性的东西越多，感性的东西就越被理性的东西支配、利用，我们也越来越被数字包围。节日本来是很感性的东西，可今天我们关注圣诞节的销售数字远远大于圣诞节本身，圣诞节变成了做生意的手段和工具。

其实，营销的真谛可能就是用感性的方法达到理性的目的。商品的市场定位和品牌的建立就是根基于此。感性和理性的配合、心理满足和实用满足的结合才会产生出商业上成功的商品。

圣诞节这些年来被商业社会发展了，它制造出的需求涵盖了所有的人，给孩子的礼物、给老人的祝福、给情人的温馨、给朋友的问候，每一样商品的后面都有个故事、有个理由。走在香港的街道上，看到建筑物上都挂了漂亮的灯饰，商店里都响着圣诞的音乐，这座城市好像真的变了，你信不信上帝并不重要，耶稣基督是不是今天出生的并不重要，因为这些事情本来就是凭精神、凭感觉的，圣诞节不过是给你带来一个美丽的向往，人在很多时候可能就是生活在向往中的。商业社会不过把这些向往实物化了，让故事变得更有形，更容易感受到了。商业社会丰实了圣诞节的内容，让这个节日变得人人都喜欢了。现在，世界上许多不是基督教的国家也大大方方地过圣诞节，其隆重程度不亚于基督教国家，其实是商业社会推动的，是商业社会制造需求的方法之一。这也正是商业社会的进步力量所在。

（2003年12月）

中餐的生命力可能就是来自它的不统一……

食言志

英语里有句话，"You are what you eat"。准确翻译这句话的确不容易，意思是说你吃什么就决定你是什么样的人。西方人这些年大讲饮食健康，甚至餐厅的菜单上都标明哪样菜是多少卡路里，可能根儿上与这句话有关。中国人也有句类似的话，"吃哪儿补哪儿"。以形补形，有点像中国的象形文字，产生的道理很直接。怕小孩不够聪明就让他吃动物脑子，见老人腿脚不好就让他吃猪蹄，看来想用吃什么来解决问题的想法在中国和西方是一样的。

人们常说食文化，说哪个国家的饭好吃，哪个国家的饭不好吃，其实食文化的核心我看不在于吃什么，不在于吃的味觉，而在于它的吃法、吃的方式。在大多数地方的人解决了吃饱的问题后，吃越来越变成了一种社会活动的行为。不论什么食品，过到嘴里和肚子里之后都变成了生物学和营养学的问题，而在吃之前，则更能反映文化的习惯。

就说餐厅里的点菜，西餐的菜单大多只有一页纸，最多是正反面，还包括了饮料和甜品，越是好的餐厅，大多菜单越短，就像西方文化，虽然也很丰实、很深刻，但它的集中度很高。

中餐则不同，菜单一般都很长，选择很多，点菜变成了一件比较困难的事，是多样的融合，它的丰实表现在多样化上。中餐的前后道菜之间没有必然的联合，吃什么与喝什么酒水也没有必然的联系，很有些像中国多元的文化观念和不断改变的社会组织形式，多样、包容、同化、为我所用是基本特点。不过也有些国外的中餐馆把中餐改成了西餐的吃法,也把中餐分开了什么是头盘、什么是主菜、什么是餐后甜品,老外果然吃得不亦乐乎,既享用了中餐的美味,又在心理上觉得顺序很舒服,看来文化融合的结果是好的。

西餐是每个人点自己的菜,中餐是主人把菜都点好大家只管吃,两者各有千秋,自己点菜对个人选择更尊重一些,自己点,好坏自己负责,但品种一定单一,吃起来也没有那么热闹,但看出来西方文化中个体的独立性。

中国文化中更多地重视整体,点菜的人要满足不同人的口味,可能会受到赞扬,也可能会受到批评,所以中国有句话叫作众口难调,也知道这是件难事,可还要这样做,因为觉得整体的一致更重要。中餐讲究分享,可能也是不患寡患不均的影响,这种分享的渗透之深,使中国人在吃西餐的时候也分享,即使大家都各自点了菜,也会在吃的时候你尝点我的、我尝点你的,搞得餐桌上还是很热闹,一派乐融融的气氛。

中西餐吃法在餐桌上不同,在厨房里也很不一样。我看过华润集团在曼谷酒店的中西厨房,感觉文化的对比也很明显。西餐的厨房更像一间工厂,有很多标准设备,有很多计量、温度、时间的控制,厨房的布局也是按流程设计的,有对出品的样式、颜色的严格要求。其实老外的脑子都比较简单,但他们把很多事标准化了、程序化了,就提高了做事的效率和连贯性,麦当劳和星巴克都是产品标准化的结果。

中餐的厨房则很不同,推门进去,火光冲天,厨师一排,都满头大汗,各种调料摆了几排,最终好不好吃,要看厨师手中的大勺子怎么掌握了。所以中餐在源头上就难统一标准,更多地要靠厨师的个人技术,否则就不是中餐了。这可能与中国文化很多事都要靠某个人的行为才能完成是一样的。不过好多事都不可能,也没有必要全一致起来,中餐的生命力可能就是来自它的不统一,否则这个世界就太单调了。

西方人吃饭用刀叉,有人说现在还用刀子来切带血的牛肉的民族一定是文明进化得不够，不过因为刀叉很实用，老外也没有改的愿望。不论西方文明再怎么进步，刀叉看来改不了。中国人吃饭用筷子，老外时常惊奇中国人怎么能灵巧地用筷子夹起盘中软软的豆腐和滑滑的花生米。刀叉和筷子时常是餐桌上的话题，这几年不会用刀叉的中国人少了，可不会用筷子的老外还不少，可见中国人吸收学习的能力很强，这种吸收和学习的精神可能是中国文化中最宝贵的部分。

（2004 年 3 月）

> 生意的成功与否是要看做企业的这伙人在这个社会里是否有用，是否有用则要看你是否建立了一个有规模的可以覆盖大众的网。

网与流

见到摩根士丹利的首席经济学家罗奇（Stephen Roach），他刚参加完博鳌的亚洲论坛来香港，满脑子装的都是中国经济过热。我问他经济怎样才算过热？经济学上有没有个标准？中国还存在着严重的就业不足，消费物价刚刚走出通缩，贷款利息仍处在很多年的低位，为什么突然就过热了？他说过热主要是投资带动，因为中国固定资产的投资水平已接近了GDP（国内生产总值）的50%，几乎到了1992年的水平，能源和原材料开始出现短缺，价格上升。我说现在的经济与1992年不能比，投资中大部分是外资带动，出口增长超过40%，全世界变成了中国的市场，中国大约有一亿农村人口进入城市工作，这些会使中国经济热起来，但应该不是经济学传统意义上的资源配置错误和投机活动带来的过热，可能现在正是中国发展的机会。他说世界上过去没有发生过现在中国经济的这种现象，传统经济学智慧可能难以解释。

其实人的智慧是很可怜的，它对过去发生过的事情都可以说三道四，产生了很多专家，但对变化着的世界和未来显得很无力。人都想用自己的小脑袋（偏偏叫大脑）来搞明白大世界的事情，所以错误是难免的。

记得有位曼谷商人告诉我，他在曼谷买土地成功的秘诀是每次买地都会乘直升飞机在天上看，因为这样才真正可以在一个新的角度上看清这块地。这位商人住在曼谷，对街道熟悉，对城市规划也了解，可他还是要飞到高空来了解这块地，因为人的想象力是有限的，到了高空才有新的感受。这位商人读书不多，没有很多理论，可他用最直观的方法来解决他看得太近、看得太小的问题，就在方法上比别人领先了一步，多了一分把握。由此可见，看问题的角度和方法到哪里都是很重要的。

企业也是一样，身在其中，在机会的诱惑中很容易看不清它的要害。这几天我在想企业的成长模式，有两个字冒进了脑海，觉得可以解释企业的成功，这两个字一个是"网"，一个是"流"。

赚钱是生意的结果，钱在货币学上本来就是一个度量的单位，生意的成功与否要看企业是否建立了一个有规模的、可以覆盖大众的网。现在的网有电信网、银行网、运输网、销售网、服务网、出版网、生产网等，还可以举出很多。网的特点是一旦建立，就有了很强的防御性；如果这个网是有机的、可以成长的，企业就有很强的增长性；如果这个网不是自然地建立起来，是强硬地组合起来，像不成功的企业并购，网就不完善；如果这个网再加上技术和品牌，它就很强大了。

在网之上，还有流，是服务和商品的传递。如果网上流动的不是实物，网的价值会更高，比如通信和金融服务；如果网上流动的商品需要实物的物流服务，网的建立会较难，管理要求也会提高，比如商品的销售网。网与流是不可分的，网是公路，流是汽车。路要好，要顺畅，车也要好，还要不断转换车型，提高车的质量。两者的结合，才会产生一家好的企业。

用网和流来看企业经营活动，就像揭开了一层面纱，我们再走在大街上，可能应该想一想，这个世界上有多少网是我们肉眼看不到、看不全，或者看到也意识不到的？这些网的下面，有多少流，明流、暗流，是我们还不能完全把握的？

（2004 年 4 月）

深圳呼唤购物中心。

万象城

社会越发展，消费者的要求就越高；商品越丰富，消费者就越挑剔。这不仅给企业带来压力，能否适应变化、满足新的要求更是企业生存的条件。创新地引领这些需要就会带来企业的发展。过去人们买东西，要的是能用便宜的价格买到有质量的商品。今天这些就不够了，消费者不仅要买到商品，还要商品的品牌、购物的服务、购物过程的快乐、购物的环境。对购物环境的要求就更是多层面的，建筑的美观、通道的方便、温度的高低、灯光的明暗、背景音乐的悠扬、室内色差的对比，以至空气中的味道都会影响购物者的心情，这些都成了购物过程的一部分。而且购物的过程也更多地变成休闲的过程，不仅要买东西，还要有娱乐、饮食、运动和知识教育等，社会发展了，人们的生活丰富了，生活方式改变了，购物成了这种生活方式的一部分，它是立体的了。

深圳的深南大道上最近有一座建筑物要落成开业，它取了一个很有气势的名字，叫"华润中心·万象城"，从名字就可以看出建设者的决心和抱负。万象城是购物中心，它从概念构思开始，就努力来满足多层面的、立体的购物需求。万象城有20多万平方米，是深圳最大的，它不仅是购物的场所，它最初的用意是想在深圳这样一座人均社会商品零售额全国第一的年轻城市中创造一种新的购物方式、生活方式，因为新的生活方式中往往包含着新的商业机会。

购物中心是离客户很近、很直接的生意，也是客户反应很敏感的生意，也是变化很快的生意。购物中心感觉上是一座建筑，里边的商家包罗万象，是一座万象城，但合在一起，它也是一件商品，有商品给客户感受的所有特点，有功能、有质量、有品牌、有定位。与其他商品一样，客户的喜爱和认同是第一位的，在发展商、建筑师、建造者把它完成以后，就像一部文学作品，大多数的读者喜欢才是好作品，这对于任何购物中心的建设者都是一场考试。购物中心不是一座静态的建筑，它是一个鲜活的生命，在大大的屋顶下，它有无穷的变化，因为社会在变，人在变，客户也在变，还有竞争对手也在变。对购物中心内容的不断优化调整是永久的任务。

购物中心不仅有实物的躯体，还有精神和灵魂。它占据了城市的主要空间，代表着一个意思，代表着它后面经营它的一群人的思维，也代表着那里的人的一种寻求。这种精神的东西通过它每天的活动散发出来，它不只是卖东西，它要在卖东西之外有不断的与购物中心定位相吻合的有创意的活动，让客户感受到购物消费的愉悦，感受到生活和世界的美丽。说起来似乎很缥缈，实际上真的是这样。经营购物中心是一件很有理念性和文化性的事情，当然也是一件不容易的事情。在一座城市中，如果一座大型的购物中心能让人们清晨起来要休闲一下就想到它，要会朋友了就想到它，过节庆祝了就想到它，去那里不一定是有目的的购物，而是心理上的惯性，感觉到精神上的舒服，那么这个购物中心在商业上也一定是成功的。

在研究是否要在深圳建万象城这座购物中心的时候，我曾问过一位在深圳住了多年又经常购物的女士，在深圳建购物中心是否可行，她回答说："深圳呼唤购物中心。"万象城就要开业了，当它迎接第一批客人到来的时候，我相信它带给深圳这座不断变化着的城市里的人们的，又会是一个全新的生活空间和体验。

（2004 年 11 月）

> 现在商店的竞争已不是店与店的竞争，而是商品品类的细分竞争；公司的竞争也不再是一般规模的竞争，而是每一项具体业务和具体产品的深度竞争。

王府井

很多年没有到过王府井了，记忆中王府井一直是商品最丰富的地方，应有尽有，无所不包。可最近去了一趟王府井，才发现这里很多事情都变了，不仅是街道宽了、楼房高了，内里的变化更大，外表看起来一样热闹的地方，经营的方式其实都变了。这里也许是中国商业模式变化的一个缩影。

过去来王府井买东西，特别是对外地人，几乎是一件可以回家后向别人炫耀的事，你不会想这里什么没有卖，因为王府井买不到的东西其他地方更买不到。可今天的王府井重新定位了，变得专业化了，不那么包罗万象了，有些东西它不卖了。我相信王府井的这种新的商店、商品的组合不是任何人计划的安排，一定是市场的力量。王府井已不再是过去的"目的地"购物区，而仅仅服务它选择过的、它认为最有价值的顾客。

我本来想顺路在王府井买一个电饭煲和一个电熨斗，可吃惊地发现几个大的所谓购物中心里都没有这两样东西，而且服务人员很干脆地说："我们这里不卖电器！"我固执地认为偌大个王府井不可能没有电器，终于在一家老商店的角落里找到个电器部，可看到的是陈旧的商品和惨淡的营业，显然已没有心思再做下去了。我走出商店，看到的是潮水般的人流和兴高采烈的购物喜悦，好像没有人感到王府井不卖电器是个问题。顾客永远是对的，王府井不卖电器一定有它的道理。

很显然，王府井的商家在竞争中知道自己的强项是这条街的名字，选择了卖时尚消费品给游客，而把卖电器的生意可能并不情愿地让给了电器专卖店。是专卖店，也就是零售行业的人常说的品类杀手把王府井的电器生意拿走了。其实品类杀手不仅仅在电器上，衣服有衣服专卖店，鞋子有鞋子专卖店，过去的百货公司虽然是"百货"，也就是想什么都卖，可因为在单一品类上并不强，就难免被品类杀手一步步逼到困境。王府井过去传统的大商场，逐步后撤，把自己的铺面租给专卖店来经营，这既是经营方式的变化，也是激烈竞争中的无奈。这像经营一家公司一样，要介入多样业务，可在每一种业务上都不强，是没有生存能力的。现在商店的竞争已不是店与店的竞争，而是商品品类的细分竞争；公司的竞争也不再是一般规模的竞争，而是每一项具体业务和具体产品的深度竞争。不管是专卖，还是连锁，你在王府井看到的东西大多在其他地方也可看到，品牌、橱窗几乎是同样的，购物减少了很多发现独家店的惊喜，变得程式化了，可零售商的规模大了，效率高了。

王府井的街角有一个很醒目的牌子，是AC尼尔森公司的中国总部，这家公司专做零售商业的顾问和调查，把办公地放在王府井，可算是找对了地方。这家公司曾多次发表中国零售业整合、中国零售业同质化竞争等很有见地的报告，不知它能否再调查一下，中国零售业态和经营方式的变化在未来对消费品的生产企业在产品进入这些渠道时会产生什么样的影响？

（2005年9月）

> 一个整体的企业才是一个大企业。许多分割的小单元、小公司组成的企业，资产再大，也称不上真正的大企业。

大企业

人们之所以建立企业这种组织形式，其原意是认为它可以把商业活动中相关的环节尽量综合在一起，以减少交易成本，形成协同效应，提高效率和在市场上的竞争力。这也是大家通常认为大企业比小企业好的原因。可是，这种初始的美好用意很容易随着企业越来越大，或者越来越老而仅仅变成一种美好的愿望。

企业这种人们创造起来的组织形式往往会随着不断变大、变复杂而难以驾驭。它像一只养大了的老虎，并不总是照人们的美好意愿而行为。大企业交易成本不一定低，效率不一定高，大企业的内部很容易形成单元和部门之间的分割、松散、保护、官僚，甚至互相之间的摩擦和矛盾。因为位置不同、角度不同、利益不同、业务环节不同，甚至因为不同层面员工的认识水平不同、年龄不同，大企业在貌似强大的外表下，可以变成许多各自为政的小组织，在资产负债表上看起来规模很大，但在整体竞争力上会很弱。如果再加上公司的多元化，再加上并购，再加上国际化和不同地域的业务，企业就更面临着大企业在庞杂组织架构下形成一体的竞争力的问题。

企业，特别是大企业的组织形式，起始的意愿虽好，但它与人们在本性上追求自主、追求局部直接利益的取向是矛盾的。不要说一群来自四面八方的人组织在一起的企业，就是一个大家族中的几个亲兄弟，也往往会因矛盾而分家。但企业因为竞争环境及内部业务联系的原因，现在好像还没有要因为内部不协调而分家的，相反，大企业都在积极地、主动地找方法来解决内部的组织协同性的问题。

IBM很多年前因为企业经营困难，部分怪罪于各地企业、各产业链企业太多，消耗了企业资源，曾研究过是否应该把IBM分拆成几个不同的公司。最终不但没有分拆公司，反而这几年在大力推出"On Demand Business"，主旨就是想让IBM真正是一体的，随时在各个业务层面上共同为客户服务。西门子也是一家产品多元化的企业，这几年在推行"Siemens One"，一个西门子，目的也是想让不同产品、不同区域的业务形成共享，共同面对客户的整体，而不是各自独立作战，来增强企业的整体竞争性，卖医疗仪器的、卖电力设备的、卖交通设备的，形成了在许多区域中的交叉营销、采购、研发及财务层面上的协同。GE的无边界更是这家巨型企业内部组织设计和管理的核心理念。看来在今天的竞争环境下，大企业能否在统一战略的引领下，形成协同一体的有机的组织来共同面对市场、面对客户已是生存和发展的基础问题了。

企业内部的协同首先是文化和理念上的，大家目标要一致，心要通，心通则万事通，目标大了，心胸自然会大，看得会远，会更深刻地理解到企业竞争的环境不仅要求人才的竞争，还要求人才合作、团队、组织整体协同性的竞争，业务协同性的竞争。同时，战略定位和组织架构的设计也要形成内在的商业逻辑的联系。

大企业的每个小单元都是一个强有力的模块，这个模块自身在其面对的行业竞争中是强有力的，不是仅仅在大企业的扶持下才能生存的。但放在大企业的整体协同的支持下，如虎添翼，更有超越对手的能力和条件。模块之间的联系是合乎商业逻辑的，不是随意和牵强的。

在企业的评价体系上，应把整体的、战略的、让客户真正体验到的企业的产品和服务、整体目标和实现放在第一位，倡导通过推动企业整体战略目标的实现来达成单元的经营目标，倡导创造协同价值。这种协同的程度，小到一家工厂的不同车间、工序，大到一家大企业的价值链的不同环节，到综合企业的共享服务。共享资源是企业在发展长大中必须经过的一个考验。

一个整体的企业才是一个大企业。许多分割的小单元、小公司组成的企业，资产再大，也称不上真正的大企业。

（2005 年 10 月）

> 一个项目出了问题，一个很火的企业突然不行了，除了营私舞弊、道德操守外，一定是违背了这"三张表"。

用"三张表"看生意

在这么多年的企业管理理论与实践中，有三样东西，成为企业管理的核心：第一样是有限公司制，把股东股本金以外的风险和企业的风险分开，把投资的风险控制了，各种投资活动活跃起来了；第二样是信托管理制，股东和管理层相互建立信任，把投资与管理、谁拥有和谁来管分开，出现职业经理人，从企业管理来讲是一个进步；第三样就是资产负债表、损益表、现金流量表这"三张表"。这是评价一个企业、约束经理人行为的最成熟、最统一、最公认的原则，也是企业推动社会进步的规则。我一直倡导一定要用这种逻辑思维来看我们的生意。大家对这"三张表"的认识还不是很深刻，导致往往用另外一种原因来推动投资，等再回到这"三张表"时，发现不行了。

比如，我们买一块地，就要考虑对这"三张表"的影响：资产减少了，负债提高了，资产质量发生变化，资产组合发生变化了，流动性强不强？是盈利的资产多，还是储备的资产多？对销售额、ROE（净资产收益率）、ROIC（资本回报率）会产生什么影响？资金周转有多快？等等。我们必须有这种逻辑性的训练，必须有一种系统性、循环性的思维。这"三张表"是一百多年企业管理积累下来的一个原则，也是一个企业思维、行为、评价的规则，喜欢也好，不喜欢也好，它就是规则，而且这个规则在不断修正，越修正对经理人的要求越高。职业经理人的责任，就是看好这"三张表"。我们的思维方法必须按这个来，在这个环境下，健康地发展我们的企业。我们所有的大发展，都必须在这个框子里走。一个项目出了问题，一个很火的企业突然不行了，除了营私舞弊、道德操守外，一定是违背了这"三张表"。

（2005 年 12 月）

> 历史虽然重复，可重复的内容不一样，有人在重复中得到的是反省的机会和进步，有人在重复中得到的是不断的吃惊和挫折。

再回首

前几天去香港，听说香港的地产商又在积极地搜集旧的工业楼宇，特别是地铁沿线的旧工业楼宇，来改用途，补地价，重建为商业办公大厦。听了以后，我心里一阵感慨，一是觉得光阴如箭，二是觉得历史真的是在重复，而且好像是一个简单的、并没有多少升级进步的重复。

记得十六七年前，我曾在香港主持过两幢工业楼宇的重建，把香港在 20 世纪 50 年代建的旧式工业楼拆掉，重建为设计布局更现代，既可以做一部分工业，又可以做办公的新型楼宇。香港政府对这一类新的建筑定义为 IO（Industrial & Office），也就是工业加办公，而且定义了严格的补地价的标准，以及一幢楼内工业和办公的分配比例。当时的背景是香港的加工企业大量搬往广东，工业楼出现空置，而因为内地的开放，大量内地公司和国外公司涌入香港做贸易，香港的办公楼租金飞升，IO 建筑应运而生。记得当时重建的两幢楼都在建筑开始不久楼花就卖完了。

再后来香港的经济转型深化，就连 IO 建筑内的一点作为样板房的工业也不需要了，再加上金融危机一来，中环的 A 级写字楼跌价都超过一半，IO 的楼宇也就不需要了，IO 这个词好多年也没人再提起了。

让人觉得有意思的是今天重建工业楼宇为办公楼的事又回来了，这是在经过了近20年后。我相信当时因为投资了IO大厦而赚了钱或亏了钱的人都没有想到今天，今天的背景是香港经济已绑在了内地经济这辆快车上，服务业，特别是与金融服务相关的服务行业发展很快，香港的办公楼租金已逼近甚至许多已超过了历史高峰时的租金水平，重建工业楼又变成了一项好的投资。

与重建工业楼宇相似，一起重复回来的还有很多事情，不过不再是简单的重复，都在重复中有了质的进步。像十多年前的中国概念股、红筹股的投资热，在经过了让投资者失望的阶段后，现在又回来了。不过这次来的不再是代表某个地区的窗口式的多元化企业，而是规模更大的、代表了某个行业的专业化企业，公司的管理水平也大大提高了。这些公司的规模和重要性使得香港的股票市场在很大程度上已与香港经济脱节，它代表的不再是香港经济，而是中国内地的经济。中国银行最近在香港上市，认购盛况恰如十几年前的红筹热，但内里的实质变化已是天壤之别。

回首这十几年，香港本土的老企业、大企业能有大进步的不多。香港虽然一直是对内地投资最多的地方，但可惜的是，能在内地形成大产业、大品牌、有技术、有竞争力的企业不多，香港企业的投资大都停留在一般简单加工、贸易、地产等方面。短线的、投机性强的投资方式较多，这可能是受制于香港的产业模式和经营心态。倒是欧美的企业，在中国从出口商品到建立生产基地、研发基地，再到品牌、营销渠道、经营模式，深深地介入了中国人的生活之中，形成了强有力的产业优势。

历史虽然重复，可重复的内容不一样，有人在重复中得到的是反省的机会和进步，有人在重复中得到的是不断的吃惊和挫折。再回首，短短的历史，不论是进步升级的重复还是简单循环的重复，历史教给我们的都太多了。

（2006年6月）

> 在哪里制造不重要，谁组织和创造了这个过程才重要。这不仅在出口市场上，在国内市场上也是如此。

中国造

最近去美国，在商场里发现了一件事让我有些吃惊，这就是有几种中国制造的小商品，如运动鞋、小电器、蜡烛，在美国商场中的售价便宜过同样商品在中国的价格。过去我们都说中国出口的商品在国内成本很低，但到了国外市场就会卖得很贵。可现在已有些不同。或许我们应该想一想为什么有些商品（我相信以后会更多）在中国制造，到了美国，卖得并不比在中国贵。而这样长远下去，又意味着什么？我不想从国际收支、贸易平衡、货币汇率等宏观经济角度来说这件事，我想仅仅从企业商业模式的设计、核心竞争力的形成出发，这件事可能会再一次给我们带来启发。

中国的出口顺差已变成很政治化的话题了，中国人甚至在有些场合像犯了错一样对自己出口太多而感到内疚。可细想一下，中国的出口与日本，甚至韩国的出口是不一样的，原因是造成这些出口的企业的商业模式是不一样的。除去一些原料性和粗加工的产品，中国处在"被动出口"的商业地位上，主动的、原发性（虽然是原产地）的出口占的比例相对要小很多。造成这种现象是因为跨国企业把它的商业模式在国际层面上重新设计了，而且这种模式有越来越坚固的趋势。

不像在日本看到的汽车、电视机和在美国、欧洲看到的基本是一样的，在国外看到的很多中国造商品在国内市场是看不到的。因为国外的进口商不仅仅是在中国购买了这些商品，他们走得更远，在企业的商业模式上，或者说产品的价值链上他们拉得更长，他们在设计、用料、工艺、成本，甚至包装、物流上都有严格的要求，当然还有许多企业有自己投资的加工厂。在他们没有满意的营销渠道之前，他们不想也不允许别人在中国销售这些产品，当然在技术、品牌、分销渠道等环节，这些企业就更是有多年的积累。这些企业才是帮中国增加出口的"主动出口商"，我们有时遇到某家国外的大客户因为自身业务调整使我们某项业务受到很大拖累，他一不"主动"，就搞得我们很被动了，因为企业商业模式的设计不同。

为什么中国造的商品可以在纽约卖得比北京便宜，同样品牌，同样质量，我想是因为组织整个环节的企业把这些环节组织得更顺畅、更有效率了，他们也要竞争，也要减价，但企业的盈利还在上升，因为成本更低了。美国这几年大的零售企业和消费品企业都在大力整合销售渠道，减少层次，高效物流配送，他们在国内的销售费用可能不比中国高。

前几天香港 ESPRIT 的邢李㷧又在配销公司股份套现，公司的股票在不到 10 年的时间里升了 30 多倍。从公司商业模式的进步上，我觉得他是香港最成功的商人。他从一家制衣厂开始，买了亚洲的经销和品牌，又买了欧洲的，又买了美国的，成了一家原创性的服装企业，公司价值大幅上升。中国的 TCL 前几年买了欧洲的企业，战略目的也一定是想把企业带到新的商业模式中去，听说最近遇到些困难。我不知道其中整合难度有多大，但企业在产品价值链上不走出更接近市场的这一步就难有好的发展。

一说中国造，往往避免不了内含的民族情结。记得几年前有位香港商人在自己出口的服装上把 Made in China 改成 Made by the Chinese（中国人造），显示了更强的民族自豪感。可这些解决不了企业的商业模式设计上的缺陷，企业的竞争需要它在商业模式上站到更主动和更原创式的地位上。在哪里制造不重要，谁组织和创造了这个过程才重要。这不仅在出口市场上，在国内市场上也是如此。

（2006 年 8 月）

> 我宁可把这个 Logo 的变更过程，看作是一个管理的过程，而不是一个视觉的过程、一个寻求好看的过程，或者是一个宣传的过程。

Logo 的变更是一个管理过程

Logo 图形本身其实并不重要

我相信 Logo 的变更过程是蛮有意思的一个过程。

如果我们讲中粮要做什么，我们要怎么发展，这个很容易理解，没有争议，但是要把整个的所谓理念性的、理想性的、思维性的过程融到我们的管理系统中来，会存在很大的争议。

事实上，最初打算新的 Logo 不要图形了，只要一个字标就行，要避免图形引起的争议。我们曾经做过 Logo 变更项目，设计了很多版本，但没有选出来，项目也停下来了。最后，我们认识到一点，图形本身其实并不重要，这样一来选择就变得简单了。

最早我看到这个图形时，想起一个故事。去过华盛顿的人肯定会参观林肯纪念碑，那个纪念碑的创意过程经过了几年的时间，一次又一次的否决再创意。因为过去人们总想给林肯纪念碑一个 Style（风格），代表什么样的历史，代表什么样的东西。可无论什么样的东西都会引来争议，因为当时他在美国人心中、在美国历史上的地位，不管用什么东西来代表他、演绎他都会受到限制。我不知道是哪一位伟大的设计师，就画了上下两条线，这个东西就超越了历史，超越了任何的年代、风格、含义、精神，就这么一根简单的、尖的柱子。

拿这个来比我们的 Logo 可能有点大了，但是如果我们去模仿一个人或者一样东西，就很难表达自己的思想。我们应该自觉地用一种我们能够运用的东西，最清楚地表达出我们的思想。对 Logo 而言，重要的是这个图形可以清楚地表达我们的理念。这样一来图形本身就变得不那么重要了。

我希望大家喜欢这个图形。我一直想说，这个图形很漂亮、很好看，代表了我们的一个梦想，里面确实有内涵。阳光、天空、土地、生命，我们用一个图形把它们浓缩起来，形成一个很好的创造。图形是一种载体、一种表象、一个符号，它变得重要了，是因为我们对它赋予了很多新的含义。

Logo 的变更过程是一个管理的过程

过去几年来，有的公司变了 Logo，大家却不知道；有的公司变了 Logo，没有被人意识到；有的公司变了 Logo，没有起到好的作用；而一些好的公司，我相信，变了 Logo 的同时也传递出公司的某种转变。因此，我宁可把这个 Logo 的变更过程，看作是一个管理的过程，而不是一个视觉的过程、一个寻求好看的过程，或者是一个宣传的过程。那么，对我们来讲，这个管理的过程就变得非常重要了。

今天我们开会，仍然超出了开会本身这个意义。我们今天大可以不开这个会，进门就直接把新 Logo 画好了放在那，你们看看，就这样。新 Logo 代表什么含义，方块什么意思，圆形什么意思，回去都背好了，解释好就行。那么这个过程，就是一种纯粹就视觉而视觉、就图形而图形、就 Logo 而 Logo 的过程。但是今天，我们希望这个 Logo 的变更过程、这个管理过程的自身成为我们公司整体改变的一部分。

大家可能会说这个 Logo 还不能代表中粮的转变，还有没有包含的东西。但是，到目前为止，我觉得整体来讲，这个 Logo 比我们现在做的更超前了点，更往前走了一步。奥美的宋董也讲我们新Logo的使用需要谨慎、会有风险。因为它是立体的，而且颜色非常丰富，还挺动感的，六边形不是正的，是稍倾斜的。过去，我们中粮是传统的、典型的、稳健的。但是我不认为新Logo不适合中粮，因为理念的东西总是要往前走一步的。我们可以现在做，也可以过两年再做，没有那么急迫。但是，走了这一步以后，一方面有利于我们整个理念的、组织架构的以及文化的认同，因为Logo变更的过程，是我们大家受到洗礼的过程，是我们内部逐渐统一认识的过程。另一方面，这个变更也是实用的，有利于我们公司形象的对外展示。希望今后，新Logo所蕴含的元素会体现在我们的意念中、理想中，我们做事情的过程中。

客户、社会怎么去感受我们Logo的变化呢？奥美的培训师说，很多年以后，如果我们中粮去开一家银行，或者去做一个航空公司，别人看到这个Logo，就会联想到我们的银行或者航空公司是个什么样子。我相信，Logo自身并不能解决这些问题，只有通过Logo背后的、我们所有人的努力才能够解决。品牌是什么？品牌是后面的一群人，无非是前面举着这个牌子罢了。如果这群人变了，品牌一定得变。

我知道对于新Logo会有很多争议，认为它不完善。但是我觉得Logo的变更是一个很重要的任务。第一，技术上非常重要，这么改有利于真正使公司在视觉上形成统一的形象；第二，我还是希望这个过程变成教育我们、教育客户的一个过程。通过这个过程进行理念的内部传播，只有我们心中的理念扎根了、牢固了，我们才能对外传播。品牌传播是从内而外进行的，我相信大家都理解这个道理。

自然之源，重塑你我

我还是比较注重"自然之源，重塑你我"这几个字。这几个字看来比较绕口，大家接受程度也比较低，因为没有几个人向我提起这几个字。我喜欢上这几个字以后，过了一段时间去看ADM的网站，吃惊地发现，与它的说法非常类似——"Resourceful by nature"。

"自然之源，重塑你我"并不是说我们要重塑别人，而是大家一起接受自然之源的重塑，这是基本的准则。这种重塑既包含对自我的重塑，也包含对客户的责任、对社会的责任。

一方面，这几个字代表了中粮的商业模式。今天来讲，在中国，能够真正把利用不断再生的自然资源为人类提供营养作为商业模式的公司，中粮当之无愧。事实上，这个模式本身是最古老、最传统的，反过来也是一个最新、最具创造性的商业模式。人类社会经过了最自然的过程之后，又经过了工业化的过程，如今又反过来反思原始的状态。今天，自然、环保、有机、绿色等词出现的频率比30年前、50年前高出了一百倍。反思原始的状态必然带来新的商业模式，从而使古老的商业模式达到一个新的发展阶段。事实上，农业也好，食品加工业也好，生物化工工业也好，都成为互相联系的产业。我相信，所有这些产业的价值都会提高，现在这种趋势已经非常明显了。

比如从去年开始，整个原材料行业基本都往上走，这不是偶然。为什么呢？因为人类已经消耗到了一定程度，觉得它们的再生很困难。微软的软件，如果卖得好的话，一晚上加班再复制就可以了，可是石油却需要一亿年时间才能实现转化。即使是粮食也需要种一年的时间，因为土地是有限制的。从这个角度来说，自然之源，对我们的限制和对我们的商业模式的界定应该越来越重要。我希望大家能够了解到、找到我们自身的商业模式。

另一方面，自然之源不仅是纯粹的有形资源，还代表自然的规律、自然的理念，这其中也包括人性自然的理念。人性自然这个理念是我们以后所有的经营、决策、管理过程中都要遵循的。不论你喜欢不喜欢，自然理念与自然界的有形资源一样都是客观存在的。要把对个人、对团队的尊重与发展变成一种专业的管理方法，用这样的理念来培育我们的组织。

纯自然的物体与自然规律一同形成一个自然的源泉，重新塑造你我。以上就是对这几个字的简单解释。

（2006年9月）

> 商业是民主的过程,是投票的过程,不买你的产品就是不投你的票,投票就等于承认,这就是我们怎么看核心竞争力。

核心竞争力:看得见,摸得着

核心竞争力非常具体、生动,是看得见、摸得着的概念。迈克尔·波特对竞争战略的论述,讲的是成本领先、差异化和聚焦集中。在中国目前的发展水平下,70%以上的企业把成本竞争力作为最主要的竞争手段。

目前大家对核心竞争力的认识还不十分清晰:团队、文化、渠道、组织能力都被认为是核心竞争力。确切地说,这些只是创造核心竞争力的基本条件,因为任何一个企业如果没有一个好的组织、好的团队、好的企业文化、好的内部管理理念或者使命,它的整个系统就都会有问题。

竞争力有很多表现,我给大家分类总结一下。

第一,核心竞争力是客户能够从企业的服务和产品当中感受到的东西。客户和我们是从两个不同的角度看待问题的:我们往往是从门里面往外看客户,而他们是从外面走进来,这是完全不同的两个概念。如果企业因为自身系统出了问题而影响到产品,客户是不会原谅的,他们会马上选择别的产品。

第二,战略能力。大家说战略布局、行业布局、规模、地域、未来洞察力是我们的核心竞争能力。德鲁克认为洞察力就像赌博,靠的不是自身的能力。但是反过来说，没有洞察力也是不行的，中国 GDP 的成长、消费品的成长、产品的成长等需要一定的预测，其中的关键是在预测之后能够不断建立和完善自身内部的核心能力，这样不管行业、环境怎么变化，我们都能够应对——我想战略定位问题如果作为核心竞争力，应该这样来看。

第三，产品能力。产品能力包含成本/价格、差异化能力和创新能力。如果我们在成长性的行业中，增长比对手快一些、毛利高一些，我们通过成本、差异化和创新做内涵式的成长，五年以后我们的生意肯定能胜出竞争对手，这才是我们真正的核心竞争力所在。

放在不同行业，我们就要考虑怎样才能做到低成本和差异化。现在很多欧美大企业都向价值链的高端转移，这是它们产业竞争的一种态势，而我们只能处在价值链的中间，生产、投资、给人家供货，因为我们暂时不具备做高端的能力。如果这也是一种商业模式的话，我们的第一步就是要忍辱负重把它做好，同时积蓄力量在品牌、技术和 R&D、管理能力上，逐步培养出我们的竞争力。

有人讲资源、政策就是竞争力，可能也对，因为它们可能是决定我们业务能不能发展最关键的一个因素。如果是这样，我们就要在如何使用团队、采取怎样的方法、怎样把握时机上下功夫。

另外，不少人认为核心竞争力是集成的，这是对的。但是我们的思路仅仅停留在集成上还不够，因为一旦这样，我们的思维就会像集成电路一样被压在里面，或者就像吃包子，吃之前根本不知道是什么馅。要往前走，就必须把集成解开，一项一项地分开，用心地按行业列出五项或是十项核心竞争力的表现并设上权数，按照这个顺序配置资源和管理架构。如果这样没有错的话，可能过几年以后，该成本低的企业成本最低，而且系统性成本最低；该品牌好的企业，品牌最强。这样竞争力才能提升，再去扩张就很容易。因为品牌后面有一群人，一群做这样事的人。

商业是民主的过程，是投票的过程，不买你的产品就是不投你的票，投票就等于承认你，这就是我们怎么看核心竞争力。

（2007年6月）

> 我坚信，只有中粮在技术和创新产品上每年都能有明显成绩和进步的时候，我们才能成为行业中的领导企业。

推动力

企业不同的发展阶段推动力不同。最初企业进行产业转型的推动力可能来自体制改革，对员工和管理提出了专业化的要求；之后，企业发展的推动力就会体现在企业的核心竞争能力上，通过企业政策上的优势、结构性的成本、品牌、营销渠道等方面表现出来。

中粮集团近几年经过体制、架构上的逐步调整，专业化的产业格局正在形成。继续往前走，真正验证我们实力的核心竞争力问题就会凸显出来。从目前来讲，中粮的核心竞争能力到底体现在哪些方面，还不太明显。但从长远看，我们的整体市场竞争力最终会通过每个 BU（Business Unit，业务单元）很强的市场竞争能力显现出来。而在我们整个产业里面，最终的完整性一定会来自技术，技术能力和研发能力最终会成为推动集团持久进步的核心能力。这是企业循环中非常自然的一步，只有走到这一步，企业才能持久，才能有真正的商业模式。

其实，研发和创新是不矛盾的。大家认为研发一定是搞基础研究，或是一些很深的研究，如果做得到，当然好，可我们更需要的是应用性的技术，需要通过研发进行创新产品的尝试，来体现我们的创新精神。

企业中的创新是多层面的。不仅是技术，还包括体制、战略、组织架构、产品等方面的创新。这些方面的相关性，使它构成一个体系。很多公司研发和推出新产品的目标是希望每年有 15%～20% 的营业额来自去年新推出的产品和技术，我们现在还没有进入这个通道，但必须进入这个通道。我们的企业要一路走下去，一定是有一个技术在不断推动和转动它的。否则我们今天做的传统产品，明天一定会被人赶过去。

产业里的技术精神。中粮集团在转型过程中需要强有力的工业、技术和专业性的元素加入进来。现在我们的投资项目多是从财务角度出发进行可行性的论证，其中从技术、工艺流程等方面考虑得很少，这是历史原因形成的。如果我们想成为一个真正意义上的产业化公司，就要有研发队伍进入我们的产业内部，来推动产业和技术精神的形成和发展。我坚信，只有中粮在技术和创新产品上每年都能有明显成绩和进步的时候，我们才能成为行业中的领导企业。

当今世界上好的企业有三种：掌握技术的、掌握品牌的和掌握资本的。如果三种都掌握，一定是非常了不得的企业，像微软和 Intel。发达国家很多企业都在往价值链的高端走，中间环节交给别人做，可以看出研发和技术对企业的重要性，根本上改变了企业的模式。我希望中粮将来会逐步向两头重、中间轻的方向靠拢，而不是现在的中间重、两头轻的状况。当然这是我们的必经阶段，但是我们也必须知道这个阶段逐渐往前走，核心的利润区在哪儿，经营的核心竞争力在哪里。

（2007 年 6 月）

> 安全系统应该是一个不断适应公司进步、推动公司发展、保障公司发展的系统，而且是不断改进和进步的系统。

安全生产

安全生产和节能环保无论是从国家层面还是从企业层面，都受到相当重视。在中国目前整个工业水平和管理水平下，如果我们能够从安全角度出发看整个系统的管理，就比单单就安全生产看安全生产要有效得多。

第一，安全生产是企业管理水平的一个体现，是一个真正好的企业最基本的东西。任何安全生产问题都绝对不是一个孤立的、局部的、偶然的事故，它只不过是个表象，而实质上，一定是从人到设备、到技术、到管理、到系统都有漏洞，是管理水平和整体管理系统的问题。

对于中粮来讲，安全生产是中粮发展到今天，资产业务不断扩张，管理难度、管理水平不断提高的一个要求，也是衡量我们是否能真正管好这些资产的一个非常重要的指标。安全不是一个附产品，而是我们发展进程中不可分割的一部分。

第二，要从对公司、对员工和对生命尊重的角度来看安全生产。在中粮集团整个资产分布里面，存在高风险工业事故隐患的企业比较少，能够出现工业事故的概率和机会不应该很高，当然，可能越靠近生产，越靠近化工行业，风险就越大一些。从这点来说，我们在扩张过程中，系统工作做得不是很够。

首先，从去年开始，集团个别企业陆续发生过一些安全事故，我们的同事也都很负责地进行善后处理，做了很多反思、改进和调整，但是如果我们不能在系统里根本解决和管理好这些问题，还会继续出现问题。

其次，节能减排也是不断困扰着我们的一个问题。有的企业由于节能减排存在问题，在相当程度上影响了企业正常的生产运营。我们在前进过程中，除了遇到市场、财务、人、管理团队能力的风险以外，还会遇到这个产业、行业带来的安全风险的挑战。整个中粮在转型过程中对工业技术内容的把握，对产业的风险、对行业风险的理解都不是太够，这样慢慢就容易出些问题。由此对我们提出了一个真正地去理解产业、管理产业，同时在管理产业过程中真正面对工业产业安全风险的问题，这样，我们的队伍才能够成熟起来，行业才能成熟起来。

再次，各个层面都强调安全生产的重要性，但是真正能把安全生产系统建立起来的企业不是很多，特别是像中粮这样多元化的、多产业的、多区域的、不同工业环境、不同管理水平的公司。

第三，安全管理工作要真正系统化、流程化，对整个企业的安全生产进行分类管理，关注到点。而且从上到下，从集团到经营中心、业务单元，到每一个利润点，都能建立起一个跟踪、关注的体系。员工要不断地建设和回顾这个体系，把它变成一个常态的工作，建立起一个从上到下的联动机制。

安全系统应该是一个不断适应公司进步、推动公司发展、保障公司发展的系统，而且是不断改进和进步的系统。不是一个陈旧的、僵化的，是安全办、安全员或者什么人的事，应该是整体运营系统中的一个非常重要的部分。

（2007年10月）

> 市场中产品定位的细分是竞争和进步的结果，如果消费者能有意或无意地感受到大悦城的这种努力，Mall 这种产品就又进步了。

大悦城

北京西单的大街上，最近多了一幢楼，叫大悦城，是个商场。我说多了一幢楼，是因为看起来类似的楼，在北京、在全国已经不少了。大悦城建成，如果没有点特别的东西，就会像是在已经很拥挤的货架上又多了一件商品，在熙熙攘攘的大街上又多了一个人，不会引起人们的注意。

大悦城会被看成是一个地产的项目。一说到地产，我们周围专家很多。中国的地产业从关注买地盖楼开始，到关注设计规划，到关注环境服务，到关注品牌和投资价值，已走过了很长的一段路。我说专家多，是因为这个发展的过程给很多人提供了一个浓缩的经历的机会，只要认真看、认真想，可能就会变成专家。可大悦城在今天仅靠这些大家共同进步认识到的智慧还是不够的。比如几年前我们还在津津乐道出口创汇，今天我们不说了，今天我们说外汇储备增长过快了，说由此还引起流动性过剩了。今天我们挂在嘴边的 CPI（居民消费价格指数）、GINI（基尼）系数、Engel（恩格尔）系数是发达国家的普通人也不常听到的经济学术语，可中国的老百姓都在用它们来理解周围环境的变化了。社会进步了，进步了的社会对今天出现的任何产品都会提出更高的要求。大悦城也是一样，不能仅是一个简单的地产项目。

大悦城定位是商业物业，这里也有一个英文词是不需要翻译人

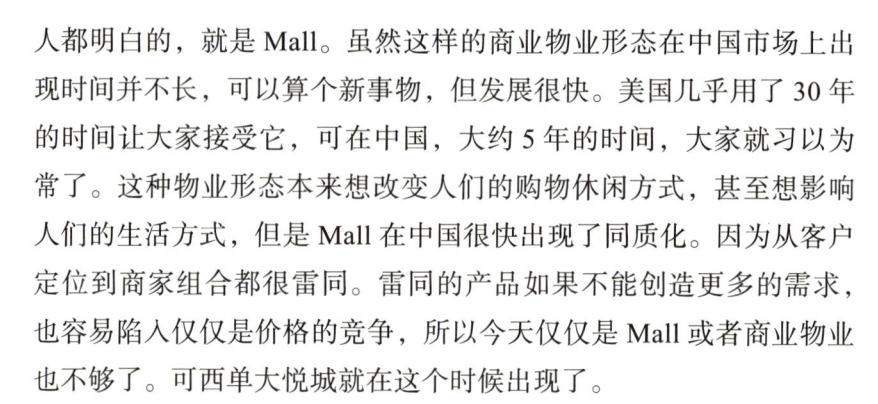

人都明白的，就是 Mall。虽然这样的商业物业形态在中国市场上出现时间并不长，可以算个新事物，但发展很快。美国几乎用了 30 年的时间让大家接受它，可在中国，大约 5 年的时间，大家就习以为常了。这种物业形态本来想改变人们的购物休闲方式，甚至想影响人们的生活方式，但是 Mall 在中国很快出现了同质化。因为从客户定位到商家组合都很雷同。雷同的产品如果不能创造更多的需求，也容易陷入仅仅是价格的竞争，所以今天仅仅是 Mall 或者商业物业也不够了。可西单大悦城就在这个时候出现了。

大悦城是想再往前走一步，它想把 Mall 这个看似复杂的庞然大物当成一件顾客可以自由选择的商品来看待，想把 Mall 再分类，再差异化，想客户定位再准确，想根据西单的人流消费特点再延伸，把大悦城定位成年轻、时尚、有活力的消费地。它不再单单追求高端的 Mall，也不想追求涵盖一切的 Mall，这样也就有了大悦城今天的商品组合，也有了大悦城内部的设计，也有了大悦城中的休闲娱乐和餐饮，甚至这样才有了大悦城的形状、颜色和外墙。市场中产品定位的细分是竞争和进步的结果，如果消费者能有意或无意地感受到大悦城的这种努力，Mall 这种产品就又进步了。

定义了一个产品的客户群，就像定义了一个人的年龄段，由此也就引出了一个产品的性格。性格是无形的，它不仅仅通过建筑和商品展现出来，有时硬件和性格也是背离的。大悦城的性格要与它的定位相吻合才是一件成功的产品。说到底，任何一件产品都代表了它背后的人，Mall 这样的产品不过让人感受得更直接。大悦城的性格会从它的笑脸、它的语言、它的服务、它的态度、它从总经理到保洁员的眼神里透出来，感染到每一位顾客。它的空气中应该弥漫着年轻和阳光的味道，来的人不仅因为要购物，还因为它的感觉，不仅因为它的商品，还因为它的性格，这样才是一个饱满的 Mall，否则它的进步就还不够。

大悦城刚刚试营业，它能做到这些吗？它能引领这个升级和进步吗？还不知道。如果有时间，你最好去看看，相信这是一个很好的案例。

（2007 年 12 月）

> 达沃斯这个小镇因为开会而出了名,而这个会,也因为它的内容使得它有点满不在乎的形式变得那么自然,那么有自我散发的吸引力。

达沃斯

第一次去达沃斯,去之前就想回来后应该写点关于达沃斯世界经济论坛的事。因为过去达沃斯听得很多,知道这个会题目大,要人多,好像要解决世界经济所面临的所有难题,所以心目中的达沃斯会议是一个很崇高和神圣的事。可会开完才知道,达沃斯会的内容不需要写了,因为从开会第一天起,会议的内容几乎是以直播方式向全世界报道,再说就重复了,也过时了。可去了一趟,身临其境,达沃斯的会有些事还是让人感到出乎意料,虽不是什么高深高明的见解,但说出来,可能会对我们想事办事的态度有些触动和启发。

达沃斯是瑞士的一个小镇子,用瑞士的标准看,可以说是一个很朴素的小镇子。去达沃斯其实交通很不方便,又要转飞机,又要坐汽车走两个多小时的山路,路还不太好走。所以去达沃斯很有点愿者上钩的味道,也让人感到有点酒好不怕巷子深的自信。可这个会开了几十年,越开人越多,越开影响越大,但据说一直也没有人为了这个会来的政要多而专门把交通改善一下。

达沃斯这个小镇上有一万多人,原以为他们一定会因为这么高级的会在这儿开感到很荣幸,但看起来他们好像对这个会也无所谓,没看到欢迎的标语和人群,也没见到"镇长",更不用说欢迎宴会了。镇上有几十家小酒店,好像没有酒店是为这个会而建的。因为来开会的人多，达沃斯小镇上酒店不够，许多人要住在一两个小时车程以外的地方。他们晚上要坐火车回去，第二天又兴致勃勃地赶来，好像也没有什么怨言。达沃斯是个滑雪的地方，滑雪度假的人很多，时常在电梯里要与滑雪的人挤在一起，也没听说因为这个会要限制滑雪的人来，他们好像觉得滑雪度假起码与开会一样重要。达沃斯的特点就是雪，街上的雪完全没有清扫，车和人都在雪地里走。傍晚许多小街口上堵车，据说疏导交通的人是业余的，他看到车太多了，自己也不管了，一个人躲到路边上嘿嘿地笑，不知他心里在想什么。

达沃斯的论坛是世界级的，可它也没有一个像样的会场，许多设施都是临时搭建的。分会大都在小酒店的餐厅里开，几乎所有的会场都不够座位，包括开幕时的大会。参会者到晚了，没有空位就要在会场外面等，等到里边有人听烦了，要离场，出来几个，进去几个，好像大家习惯这样了，认为这才是达沃斯。虽然这样，可当你需要服务时，它又周到得让你吃惊。我因为把大衣存忘了地方，把存衣牌给一位保安模样的人看，他一路带着我去找进门时的存衣处。一路上我遇到两位熟人，其中一位寒暄的时间还挺长，可这位保安一直站在旁边等着，我都把他忘了，他还在微笑着等，搞得我很不好意思。

达沃斯看起来一切都很随意，也有白雪皑皑的山峦和迷人的阳光，可来这个小镇开会并不轻松。不要说开会时因为美国次贷带来的凝重气氛，会议的日程就是一本很厚的书，每一个题目的讨论也代表了当今世界对这个问题的认识水平。如果你不事先做好准备，可能不知道该去哪个小酒店里开会。会议的每个专题不仅是精心选过的，而且在内容上对每一个专题，会议的组织者都做了深入的实地调研，这才形成了引人入胜的主题和思想。达沃斯这个小镇因为开会而出了名，而这个会，也因为它的内容使得它有点满不在乎的形式变得那么自然，那么有自我散发的吸引力。

（2008年3月）

> 在公司里，不能只关注内部管理过程，最终没有销售。内与外的平衡，由内到外的转变，是公司进步的过程。

内与外

遇到一位基金经理，原来是美国一家很大公司的高级管理人员，本想与他开玩笑说现在太多的公司高管跳槽出来做基金，不料他却很严肃地说他不是跟潮流，而是因为他实在讨厌了大公司的"内部"工作。他说他原来的公司可以为了一件内部的事情搞上几个月，处理公司内部自己制造出来的工作，可是公司的努力市场看不到，客户感受不到，他感到很无奈才离开。

我想这种沉醉于内部工作的公司不少，而且这也是很诱人的或者说迷惑人的工作方法，因为内部的问题总是重要，内部人提出来的问题一般也都是紧急的。把内部的事情治理好才能做好对外、对市场的事情也是很对的，可是太多高管的时间用在了内部，公司就形成了一个内部的循环，会议会制造会议，文件会制造文件，内部的事情多了，就会形成内部解决问题的妥协与思维，这时候公司的目标是什么容易被忘记，甚至公司存在是为了什么也容易被忘记。

这几年公司法人治理结构很重要，大家花了很多时间在治理上；这几年公司内部架构调整多，大家花了很多时间在架构上；这几年公司讲发展战略多，大家花了很多时间在战略讨论上；这几年公司内部评价体系很重要，大家花了很多时间在评价系统上。这些事情当然很重要、很基础，而且问题会长期存在，可公司的生存和发展不允许我们仅仅停留在这些问题上，特别是不能停留在对这些问题的内部不断讨论上。公司做好这些事情的出发点应该是来自外部的，来自外部市场、客户和竞争的要求。

多元化企业讲内部协同，往往进展很难，除去有商业模式的设计以外，把内部的问题推到外部让客户自己去解决是典型的思维方法。内部协同讲了很久，问题很多，用了不少精力，可表现在市场上，客户没有感受到效率和利益。一个组织大了，内部结构复杂了，不仅是效率容易低，而更危险的倾向是把解决内部自身的矛盾和问题当成主要工作目标，忘记了所有内部工作的目的是服务外部的要求。

记得几年前看到一家公司的组织架构图，他们没有如一般的公司一样，把官大的画在上面，把官小的画在下面，而是把客户画在了组织架构图的最上方，接下来是公司最接近市场的部门，董事会放在了最下面。问他们为什么，他们回答说公司组织设计的一切目的是服务客户，董事会不过是在推动这个组织更有效率地服务客户。

从公司的组织文化来看，整体的，服务客户、服务公司业绩目标的文化占了主流，公司才是积极向上的。公司内部的热点话题是市场、是产品、是客户、是创新、是品牌、是业绩，公司才有竞争力。公司因为组织内部管理而做的工作当然很重要，但目的要很清楚。这就像盖房子，不能只打地基，老是不封顶，不入住；也像踢足球，不能只是中场传带，没有临门一脚；又像学生上学，不能只会努力复习，不会考试。在公司里，不能只关注内部管理过程，最终没有销售。内与外的平衡，由内到外的转变，是公司进步的过程。

（2008 年 5 月）

> 还有很多，很多例如，都是我们过去说过，也做了一部分的事，可 2009 年，我们要更深入、更扎实地做。因为 2009 年不同了，它的确是新的一年。

新一年

我们习惯了一路高歌的经济成长；我们习惯了 GDP 说是预计增长 8%，可我们知道它一定会超过 10%；我们习惯了外资涌入中国；我们习惯了进出口双位数字的增长；我们习惯了资产价格和大宗商品价格单方向的不断上涨；我们习惯了企业盈利年年大超预算；我们也习惯了投资、并购和 IPO（首次公开募股）。可今天，突然之间，这些过去我们习以为常很熟悉的事情好像离我们远了。

经济好的时候，企业也不是都一样，经济不好的时候，企业就更不同了。受到经济前景的过度诱惑和受到悲观情绪的过度压抑都是企业易犯的错误。大环境有其力量，单一的企业行为是不能改变的。但企业因为所处的行业不同、资产负债的结构不同、过去和将来对风险的取向不同，所以即使是大环境突然改变，企业也应是不同的。2009 年是经济放缓的一年，但对我们来说，它不应是悲观恐惧的一年，它应该是冷静审视自我、反思自我的一年，是战略优化、资产优化和更扎实地成长的一年。

过去我们没有来得及回答，或者说觉得不需要回答的一些问题，我们今年就要严肃地去回答。例如我们的产业链可以做多长，应该做多长？纵向一体化中的产业链对我们有什么好处，有什么坏处？我们虽然在不断地讲做好主业，可主业一词有时成了我们自己随意解释的很软的词汇。所以主业有时也是很误导人的。主业无主则主业无力，产业链不能连接则不是产业链。战略型的产业链如何形成？企业规模的成长能使每一个产业链上的单元借助到力量吗？客户能受益吗？竞争力能增长吗？成长能持续吗？这些问题过去好像不重要，今天变得很重要了，因为我们要经受新的考验。

又例如企业品牌和产品品牌如何连接，品牌伞如何形成，品牌能延伸多远？品牌是销售的手段还是企业使命的表现？多品牌的企业能找到品牌之灵魂从而引起消费者的共鸣和忠诚吗？品牌消费品如何组合，能对全产业链形成拉动吗？

又例如企业里的研发、创新流程如何形成，研发和创新如何成为企业运营中的不可或缺的环节，成为企业成长的动力？这不仅是一个成本效益的平衡问题，也是成长方式的转变问题。靠规模、靠投入、靠高负债比例来推动的运营模式要改变，而且看来在全世界去杠杆化的环境下，寻找新的创新模式是企业取胜的关键。我们能设立一个在原有业务基础之上的通过研发、技术、创新产品来推动业务的目标和评价体系吗？

又例如企业的现金流管理，虽然现在利息低了，可是因为占用更多资金而带来的营业风险却提高了，竞争力不强的企业往往是占用资金多的企业，只投入，不分红，有盈利，没有现金，这样的企业在新的环境下不能持续了。这次全球的金融危机大家找了很多原因，可在银行和企业角度，其实就是这个简单的加减法没有把握好，是个理念和方法问题。2009 年，我们不该好好地反思一下我们自己吗？

又例如企业的团队，过去我们对经理人以用为主、以任务为主、以评价为主，因为企业发展太快了。可是系统的培养呢？专业水平的不断提升呢？领导力的不断开发呢？团队的进步能持续支持业务的规模扩大吗？2009 年这些事情就显得更急迫了。

还有很多，很多例如，都是我们过去说过，也做了一部分的事，可 2009 年，我们要更深入、更扎实地做。因为 2009 年不同了，它的确是新的一年。

（2009 年 1 月）

> 竞争的手段，就是研发、创新，然后让消费者满意。

中茶公司

　　战略创造力和推动力来自团队。中茶公司团队有几个特点：团队政治、经济、政策地位很高；公司是一个多区域公司，团队的整体性不强，团队建设要加强；员工的整体素质比较高。茶叶现在已经变成一个非常创新、非常有竞争性的产品，那么我们的团队有没有按照这种思路去调整和改进我们的思维和工作方法？目前的管理架构，基本上是自下而上的，也就是说真正的战略创造力和战略推动力都将来自我们这个团队。

　　今天我们和对手比起来，已经不算是最强的茶叶公司了。我们这个团队能不能从团队的统一开始，创造一个整体性强的茶叶大公司，我觉得这是非常重要的一点。中国不缺茶叶公司，缺的是真正的好产品的竞争力、制造好产品的公司。我们要做成好公司、大公司、有行业领导地位的公司，也就更需要我们这支团队了。

　　明确战略定位。在中茶公司如何定位的问题上，包括做内销、茶叶加工、开店等，有很多不同的想法。实际上到今天为止，这个战略我原则上支持，当然有很多难度。第一要把公司做成好公司，第二要改变目前茶叶的商业模式。大家要用一个坚定长远的眼光，有一定投入，包括容忍一定的亏损，把它做起来，创造一个模式，使老百姓能够很放心地以适当的价格很方便地买到茶叶。

　　关注产品。这不光是对中茶的要求，也是对整个中粮集团的要求。中粮集团的产品基本上是不错的产品，可我们对产品的关注度、对产品商品属性和功能属性的关注度还不够。我们搞贸易的时候，对货物有一定的质量要求，但因为不是产品形态，我们关注的肯定不会非常细。现在我们做产品，就需要我们越来越细地关注产品了。前段时间五谷道场的孙总说，方便面业务的特点就是竞争，为什么？因为竞争使这个产品很强，使消费者非常多，如果全国只有一家方便面企业，方便面可能就没人吃了。竞争使这个行业更活跃了，规模扩大了。另外，有竞争才能有创新。竞争的手段，就是研发、创新，然后让消费者满意。

目前我们的产品标准太低了，中茶公司能不能把产品标准定上来，告诉消费者我们的指标优于国家的指标。因为我们是国企，我们永远有责任。我知道我们有复杂的工艺、复杂的程序，但我们要替消费者把一道关，然后打上我们的品牌、贴上我们的标准放到超市里，让消费者承认我们的产品。

创新商业模式。在美国，没有人不知道可口可乐公司，这是因为它的品牌的广泛性、渗透性、影响力，虽然可口可乐公司近年业绩下降，但是它们不断研发，进行新的投资，不断调整架构，希望能找到新的增长点。大公司有大公司的麻烦，小公司有小公司的麻烦，每个人都为了消费者习惯的转变、市场竞争的转变在接受挑战。

我希望中茶公司在对中国茶叶行业深刻理解的基础上，通过创新模式，彻底把中茶公司的品牌、忠诚的消费者和市场占有率建立起来，包括改变消费者喝茶的习惯、改变销售习惯、改变生产和销售的环节、与供应商之间怎么选择怎么制约等，并且要管理好我们的供应商，否则就会出问题。这样，中茶公司才会脱颖而出，通过质量控制，把产品品牌化、标准化。

（2009年2月）

> 夜深人静，你自己问问自己，你今天卖的产品是真正的好产品吗？

好产品

如果没有今天的金融危机，我相信2009年仍然会有一些企业出问题。可是因为有金融危机，企业的所有错误，无论与金融危机有多大关系，就很容易在自己不能控制的外部环境上找到解释和借口，企业对自身的反思就会减弱。对待无论是成绩还是失误，能理性地区分自身和外部的原因不仅是方法，也是个勇气问题。企业经营中的有些层面是要跟随外部环境的，如发展速度、规模、杠杆比例、区域和行业的选择等。但企业中还有些层面是不应受外部环境影响的，比如成本、技术、品牌、团队等。企业在任何时候都应向客户提供好的产品，这一点本是最简单的道理，更应是千古不变的道理，可是这一点也因为有了太多的金融工具、营销手段而慢慢变得模糊了。

与其说美国的次贷引发了金融危机，仅从企业角度看、从企业内部来反思，不如说次贷不是一件好产品，而事实上，在金融企业里，在它的内部，的确也是把次贷称为产品的。可这件产品从一开始就被称为"Subprime"（次级贷款）。如果我们工厂里从一开始就把某些产品称为"次品"，或生产出就是"次品"，而且在一起推销的话，企业也一定不会好。如果企业的营业额中有很大比例是卖"次品"产生的，企业自身危机也一定会到来。可惜次贷是金融产品，它让人们失去了警惕。

金融产品以外，美国的三大汽车公司也出现了危机，这些企业一直到不久以前，还被看成美国工业的支柱，是最受人尊敬的企业。今天，它们也有债务危机了，有人说是历史债务的包袱太重，有人说是退休养老的人太多，工会又太强。可是除去外部的经营压力以外，这些企业过去二三十年也没有真正有让世人称赞的好产品出来，在产品上它让日本甚至欧洲的汽车厂超越了。过去的品牌风光不在，市场份额一路下降，产品创新能力减弱，这时候再有金融危机，问题就严重了。可在没有金融危机的时候，这些企业已经不太好了，是产品不够好了。

苹果电脑的乔布斯（Steve Jobs）最近因为身体原因缺席公司股东会，人们在为他的健康担心的同时，还一直在谈论他的功劳，谈论他如何把一家纯电脑的公司转型成了一家电子、音乐、通信甚至是时尚消费品的公司。虽然有金融风暴，但苹果公司的股票下跌相对小。苹果公司被认为是最有产品创新力的公司，iPod、iPhone的成功几乎是一夜之间的事，好像也没有铺天盖地的广告，成功的根本是产品好。好的创新的产品创造了新的巨大需求，好产品自己会说话，苹果公司每一件产品的创新都成了一件大众期待的事件。好产品和好公司是一体的。

西方的金融危机目前完全没有缓解的迹象，但大家见面还时常像寒暄一样问道：金融危机什么时候结束？大家都在盼望着经济环境能回到几年前高速成长的美好时光。经济大环境好当然好，可是这次的危机可能会改变许多过去企业中的增长方式，我们可能要适应在一个没有那么高速成长的环境中生存。金融危机带来的需求放缓对产品的要求提高了，不仅仅是金融产品，对所有产品的要求、对所有公司的要求都提高了。在纷繁复杂的企业经营层面上，专心地、虔诚地向消费者提供性价比最高的好产品是抵御任何危机的最有效的方法。

夜深人静，你自己问问自己，你今天卖的产品是真正的好产品吗？

（2009年3月）

> 好产品才是防止和抵御任何危机最好的方法。

好产品会说话

昨天下午，我去北京大学找一些企业界的人，谈到了金融危机对企业的影响。其实现在，我们已经很少讨论金融危机是怎样来的、什么样的根源、应该怎么应对、怎么治理等问题，为什么？因为在过去的一年，这些原因太多了，变化太大了，而且危机已成为一种常态。各国政府对待危机的做法就是制造一个新危机。而作为一个企业，去预测危机很难，如果我们能凭着多年对行业的理解来对行业有一个预测就已经不错了。企业在危机面前常常是无奈的、无助的，如果我们没有很大的错误投资、错误存货、错误的应收款、错误的金融产品的介入等问题，金融危机其实对我们没有什么问题，我们唯一要做的就是认清自身，提升自身的核心竞争力。

中国人对外部环境的敏感度不高，没有感觉到很大的冲击，年轻人更是如此。这样，对消费品行业来说，就变得比较活跃。目前全球性经济衰退，对不同行业产生的影响不同，而消费品市场体现出很大的优势。所以，危机面前并非人人平等，危机中存在着机会。规模相对大、财务又比较健康的企业，就比较容易抵御危机，并会带来更多提供好产品的机会。

其实很多公司在金融危机之前就已经出现问题了，金融环境一变，问题就出来了。所以，好产品才是防止和抵御任何危机最好的方法。

做生意的方法千变万化，但我们一定要明确自己的核心竞争力。

竞争力的表现有很多种，比如最传统的结构性低成本，还有品牌、技术、规模、政策、资源性等各种各样的核心能力。如果我们找到了自身的核心竞争力，就应该像保护自己的眼睛一样来保护它。中粮可口可乐的技术优势就在于创新，我们要在创新系统和研发系统的基础上，不断做出新的好产品。这里我想说，品牌在初期会引起人的消费欲望，但不会持续，只有耐心地做出好产品，才会最终得到消费者的认可。

好产品自己会说话。

（2009 年 3 月）

> 战略营销在领导力模型里会变成一种态度,一种对客户、对市场、对商业模型的态度,会纠正过去从供应商、生产商往下推的思维。

战略营销

中粮集团过去是计划经济体制下的国企,营销的比例没有那么重,今天战略营销变成领导者素质非常重要的部分。战略营销在领导力模型里会变成一种态度,一种对客户、对市场、对商业模型的态度,会纠正过去从供应商、生产商往下推的思维。

过去说营销主要是做销售,这个观念到今天还比较重。销售做得好不好不仅仅是销售人员的问题,更是系统问题,是整个团队的问题,是整个组织的目标性的问题。我记得很多年前在香港与新中基合资卖楼,当时楼价很好,心里很踏实,对销售和卖法不是太在意,觉得该省钱的就省钱。新中基的销售经理说:"卖楼大过天!"这是我第一次听到这样的说法。我们做任何产品,一定要把最后的销售环节做彻底,最终才能实现产品的价值。因此,我们更应该强调营销的位置和营销在整个价值链环节的重要性。而且,无论是消费品、大宗商品还是地产,都要提升对客户的重视程度,建立全环节的客户意识、从客户出发的思维。

战略营销强调对外部环境的敏感度。要生存,要发展,我们企业的定位、个人定位、企业文化、能力、态度、整个思维方式都要对外部环境和潜在需求更加敏感。比如,新的食品法出来以后对中粮到底有多大的影响?产业到底有什么变化?食品法越来越严格,中国企业越来越整合，这可能是中粮的机会。

德鲁克（Peter Drucker）说过，企业竞争只有两条路，一是创新，二是营销。其他环节都可以用非企业的行为来做，比如生产和采购可以在工厂做，有新的主意、新的创造把它提供给消费者，这是真正企业的功能，也是企业生存的途径。

说到营销，大家最愿意谈、最有意思的就是广告。广告当然很重要，但是广告不是营销的根本，如果我们不能把内部事情做好、不能真正把产业链做好，做广告也没有什么用。1993年我去沈阳买雪花啤酒厂的时候，在中央电视台做广告，500万元做了一个5～10秒钟的广告，结果一点作用没有，还没有多少人看到就播完了。完全不存在产业链和后续的追踪，完全是妄想出来的事情。今天看来做营销确实需要很全面，产品、价格、渠道都要好，还要会讲故事，如果没有这几个条件，做广告没有大作用。

中粮产品做得很好，但做好宣传不像做好单一产品那么简单，我觉得要会建立一个全员战略营销的思维。我们任何一个活动，在外面开任何一个会，见任何一个客户，都会建立在一种新的、以客户为导向的创新性的战略思维的基础上，这是我们的主要目的。

（2009年7月）

> 如果你的产品不做广告，仅凭消费者的口碑，它也会有不错的销售吗？

做广告

我们常说某个创意奇妙的广告催生了一个成功的产品甚至一家成功的公司，我们也经常看到某个产品因为有大量广告促销的投入而一时红火可又很快衰落下去。我们也常说某个产品的销售不好是因为没有足够的广告促销支持，可我们也看到去年全球最受消费者欢迎的十大品牌中，几乎有一半是很少做传统媒体的广告来推广自己的。在这个营销至上的消费社会中，人人都是消费品的专家，人人都有从自身感受出发的营销观点，就像人人都对股票市场有观点、人人都对地产市场有观点、人人都对社会政治文化有看法一样，局部的直觉式的观点往往不能真的解决问题。也正是因为这样，广告经常给企业的经营带来两难的疑惑。

我相信在现实中，大部分的广告作用没有生产商想象的那么大，大部分的广告并没有催生长久成功的产品，如果统计一下，我猜这个行业中大部分的花费是在人们一厢情愿的想象中浪费掉了。现在我们做预算，往往把广告仅仅做成了不可不花的费用，而它对销售带来的促进作用，我们一般都不敢高估。这一是可能因为广告的内容本来就不够好，不能说明要说的事，不能打动消费者；二是可能传递的方式不对，因为现在媒体众多，广告如烟云，广告已成了一个让人讨厌的东西，广告的作用在一路递减，没有些真正吸引人的内容，广告就会成为滑稽的叫卖，没有人会留意；第三点最重要，广告后面的产品、服务、企业等核心的消费者最终会感受到的东西能不能真的跟上来，是不能回避的考验。如果说广告是引导人们入门的一张指示牌，那么房子里边到底是什么则更不能马虎，否则误导了别人，也害了自己。

销售者往往会关注广告的技巧和投放的量，这当然也会起一些作用，但广告的水平不仅仅是一时说服别人购买的水平，广告的水平其实代表着企业经营的水平。从广告这一连接点开始，企业经营的所有层面都会受到消费者逐步成熟的消费行为的无情的检验。广告的作用是双向的。

不知道有多少企业是因为做好了内部的准备才开始推广自己的产品，也不知道有多少企业是因为做了广告又积极地来改善内部的管理，但广告推广只是企业众多经营管理行为的一个环节，这个环节必须要与整体的管理相吻合，这一点我想大部分企业，特别是广告费用支出不少但效果不明显的企业应该是很清楚的。正如我们说企业中的战略、团队、财务等事情一样，广告推广的成功也有赖于一个系统的支持。如果企业能从广告这个起点上反向来检讨自身的管理，也不失为一种好的方法。

你的产品是好产品吗？你的产品满足了消费者的诉求吗？你的产品定位对吗？你的渠道对吗？你的成本构成有效率吗？你的价格对吗？你有创新吗？你给消费者提供了别人没有的附加值吗？还有，你的规模对吗？你的速度对吗？你在广告上说的话你能做到吗？你自己想一想，如果你的产品不做广告，仅凭消费者的口碑，它也会有不错的销售吗？当然，好的广告推广会帮助消费者更快地认知你的产品，但只有你满足了上面这些前提条件，你的广告推广才会是有效的。

（2009年8月）

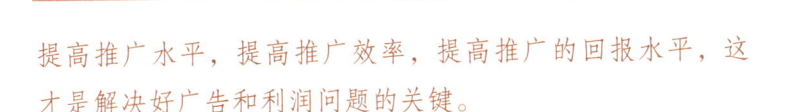

> 提高推广水平，提高推广效率，提高推广的回报水平，这才是解决好广告和利润问题的关键。

广告和利润

中粮集团在过去两三个月里面做了不少广告，这要求我们必须不断提高团队对于广告的理解水平。我认为，如果产品做好了，渠道做好了，广告就是投资而不是成本，反之，如果产品没做好，广告喊了半天东西没卖出去，广告就变成成本了。有人认为，广告打了三个月销售额还没上升也没关系，不着急，明年消费者就有反应了。这种想法是不对的，因为人的记忆是有时限的，广告打了三个月之后，如果销售额还没上升，以后肯定也不可能上升了。

实事求是地说，中粮的广告都很一般，都只是平平淡淡地把意思说了，而没有真正让人眼前一亮，可以记住很长时间。我们应该关注广告质量的提高，要让广告带来实质性的影响。我觉得未来我们应该花更大力气去提升广告的质量，绝不能让我们的广告给人的感觉像是白开水。

在产品推广的每一个环节、每一个层次上提升水平，已经成为我们的当务之急。我们必须拿出好产品，做出高质量广告，建立优质渠道，一个环节一个环节地连起来，少一个环节都不行。

我们未来的广告，必须用最好的人做。广告要首先打动你自己，你是不是觉得眼睛一亮非常兴奋？是不是觉得精彩？是不是特别急着要告诉别人？如果这些都没有，就不要盲目地推给消费者。

我们有的业务总有一个逻辑，就是做广告就要花钱，花钱就别考虑利润，要利润就别考虑推广——这个逻辑我听了好多遍，一直无可辩驳，现在我终于找到一个办法可以说明白这个事，那就是要提高推广水平、提高推广效率、提高推广的回报水平，这才是解决好广告和利润问题的关键。

（2009 年 12 月）

> 当中粮和可口可乐走到一起的时候，我们面前喝的东西就不一样了。

中粮可乐可喜可贺

十年前的中粮集团发生过很多事，大部分的事都随着时光的流逝让人们慢慢遗忘了。可有一件在十年前发生的事今天让人们感到更重要，感受得更清楚，这就是中粮集团和可口可乐在十年前共同成立的中粮可口可乐公司。中粮可口可乐公司就像一个孩子，十年来我们看着他成长，到今天有点了解了他的相貌、他的体魄、他的性格。十年了，今天我们可以为他庆祝生日了。

据说可口可乐是世界上行销到最多国家的产品，据说可口可乐是美国创造的产品中影响人类最大的一个，据说可口可乐是最早冲破了国家、意识形态和宗教信仰壁垒的产品。可口可乐是中国改革开放最初期来到中国的"资本主义"商品，可口可乐的名字、可口可乐的广告、可口可乐的味道。可口可乐来到中国，如果说它配合了、呼应了中国的改革开放可能也不为过。中粮集团有幸成了可口可乐在中国最早的合作伙伴。中粮集团之前也出口中国粮食产品，也进口国外食品，可真正地把一个国外品牌有规划地在中国销售还是第一次。当中粮和可口可乐走到一起的时候，我们面前喝的东西就不一样了。

中粮可口可乐公司从诞生那天起，快速的成长就一直伴随着它，它从一个区域性的装瓶公司到一个全国性的装瓶公司，再到一个在全球的可口可乐系统里排在前列的装瓶公司，它的销售在成长、区域在扩大、队伍在壮大、利润在提升，给消费者提供的产品也一直在增多。这十年有多少艰辛、多少欢乐、多少挫折、多少成功，中粮可口可乐公司像许多成功的公司一样，当我们走过十年，今天回头看的时候，我们充满了自豪和骄傲。

中粮可口可乐公司这十年带给中粮的还不仅仅是业务和利润的贡献，就像可乐饮料带给了中国消费者新的感受一样，中粮可口可乐公司带给了中粮集团很多新的思维理念和商业概念。可口可乐公司的客户服务、产品创新、系统制胜、质量控制、社会责任等也让中粮集团在合作中得益。中粮可口可乐公司的团队在这十年中不断成长，成为推动中粮集团整体消费品进步的骨干力量。这十年是很有深远意义的十年。

十年后的今天，中国不同了，中粮不同了，可口可乐公司也不同了，中国的消费者也不同了，可口可乐的产品也不尽相同了，我们在这些社会和人们消费的进步变化中扮演了一个角色，我们的公司更大了，产品更好了，消费者更喜欢了，我们对未来更有信心了。中粮可口可乐过去的十年，是成功的十年，是可喜可贺的十年。

（2010 年 4 月）

> 我们要发展新业务，就是需要这样的创造者，就是需要具备这种创造精神、创业精神的人。这样的人，我们可以称他为企业家。

新业务

发展新业务的三个前提条件

创业精神

过去我们经常会问一个问题，在一个大企业里面有没有创业者？有没有创造者？有没有真正的企业家？有没有价值创造者？有没有人能够创造一个产品、一个品牌或者一个生意出来，可以对社会或者人们的生活产生一定的影响？我们知道，创造是很难的一件事情，特别是在一个大企业里面，要创造一个成功的新产品、新品牌或者新生意出来是不容易做到的。

但是，我们要发展新业务，就是需要这样的创造者，就是需要具备这种创造精神、创业精神的人。这样的人，我们可以称他为企业家，而那些只会守住原来那个小摊子的人不叫企业家，那个小摊子光靠守也是守不住的，最后只能被别人吃掉。

远大目标

大家都知道《基业长青》这本书，里面有很重要的一章叫"胆大包天的目标"，总结了历史上很多成功企业提出的所谓"胆大包天的目标"。比如，1965年，波音公司提出开发747巨无霸客机的大胆计划，这种远大目标具有促进团结、刺激进步的强大功能，所以，我们的新业务应当从一开始就明确一个非常远大的目标。

科学方法

我们有了创业精神，有了远大目标，下一步是我们用什么样的方法去贯彻这种精神，如何去实现这个目标。我们要建立一个什么样的队伍？设计一个什么样的架构？怎么创造一个差异化的好产品？如何管理供应链？如何建立销售网络？如何管理经销商？如何打造品牌？如何控制价格？我们应该在什么区域范围内开展业务？我们应该用多长时间达到一个什么样的规模？我们比竞争对手有什么优势？这些问题都需要经营者有一整套科学的方法去回答、去解决。另外，集团对业务的发展历程、发展阶段、发展规律也要有科学的认识，要搞清楚这个新业务一开始会不会亏、会亏多少、什么时候能够盈利、用什么样的方法去评价它、如何支持业务的发展等。只有搞清楚这些，新业务才能够进入一个比较清晰、良性循环的发展轨道中去。

发展任何新业务都必须从市场出发

我们进入任何一个新的业务领域，必须首先考虑市场的问题，我们在中国做消费品，就必须研究中国市场。中国消费者人数差不多是美国的四倍、欧洲的两倍。基本上可以把中国的市场分成七八个区域来看待，几乎没有任何一个产品、消费品在它刚刚问世的时候就想覆盖我国的13亿人口，因为这基本上没有可能。可是，在我们中粮，就有很多人会去这样想：因为我们是中粮，我们在中国，所以我们卖第一个产品的时候就想覆盖从新疆到海南岛、从台湾到西藏的全中国市场。我们就是面临这样一个市场，我们就是在这个市场中来开展新业务，所以也要从这个市场出发来思考新业务发展过程和发展阶段。

（2010年7月）

> 如果它是个草种子，浇再多的水也浇不成树。

盈亏平衡点

盈亏平衡点与现金流是密切相关的。如果我们只是做一般性的投资，我们可能只需要分析行业吸引力就可以了；如果只是做一般的贸易业务，我们只要知道每一笔业务是不是盈利就可以了，盈利就做，不盈利就不做。但是品牌消费品业务不太一样，它比较复杂。希望能够通过下面的图，启发大家的思路。

阶段	第一阶段	第二阶段	第三阶段	第四阶段	第五阶段	第六阶段	第七阶段
描述	负毛利	亏现金	亏折旧	实现会计利润	覆盖股东资金利息	EVA 为正	超额利润
销量节点	1 (10)	2 (40)	3 (80)	4 (120)	5 (160)	6 (200)	

注：图中销售量数据为假设数据。

这个图不一定很精确，但大的逻辑是没问题的。横轴是销量的数据，纵轴是毛利的数据，图中的曲线是业务在某个销量的时候所能够实现的毛利额,就是说销量必须要达到一定的规模,毛利额才能起来。

假设你的产品是肉,销量是 10 万吨,毛利为 0,那么这个点就是平衡点,如果销量低于这个规模,你就会亏毛利。这是第一阶段。

在①和②之间,毛利转正,但毛利规模不能覆盖销售费用,所以在这个阶段,你只是具备了一般性的买卖的能力,你还会亏现金,直到销售规模达到 40 万吨,也就是图中②的位置,才能实现现金平衡。所以,②这个点也是现金平衡点,在这个点上,毛利能够覆盖销售费用。亏现金也被称为"流血",所以这个现金平衡点十分重要。这是第二阶段。

实现现金平衡以后,你还是会亏损,因为你还有各项固定成本的折旧和摊销。这是第三阶段。

只有销量到了 80 万吨,到了③这个点的时候,毛利才能覆盖可变成本和固定成本,才能实现盈亏平衡,这个点就是盈亏平衡点。销量到了 80 万吨以后,基本上可以实现会计利润了。但是,在达到 120 万吨之前,也就是④这个点之前,资本报酬率会低于股东资金的利息率,所以,在此之前的盈利还不是真正的盈利,因为回报尚未弥补股东的资金利息。这是第四阶段。

销量到了 120 万吨以后,资本报酬率会高于股东资金的利息率,但在达到 160 万吨之前,也就是⑤这个点之前,资本报酬率还会低于股东资金的利息率加上股东资金的风险溢价率,因为股东把钱投在你这里比放在银行的风险要大,所以需要风险溢价。在这个阶段,回报只能弥补股东的资金利息,而不能弥补股东资金的风险溢价,你的 EVA(经济增加值)还是负值。这是第五阶段。

到了⑤这个点之后,EVA 转为正值,开始真正为股东创造价值。这是第六阶段。一旦到了这个阶段以后,这个生意的基础就会很稳固了,因为走过了之前的几个关键步骤,几个关键的门槛都已经迈过去了。你的销售规模到了 160 万吨,已经比较大了,你的品牌可能已经被一两亿人认知了,财务上也有了充裕的现金流,渠道也很强大了,团队也很成熟了。这些关键节点走过来之后,这个生意的价值已经远远不是一个简单的盈利价值和一个投资价值，而是整个生意的商业模型的价值，这个时候你就可以说这个生意是多少倍的市盈率、多少倍的市净率，基本上就可以单独上市了。要走到这一步，之前的每一个阶段都是需要洒下团队的血汗，每个阶段都要经受很多的考验。因为环境在变化，对手也在这么做，这是一场真正的战争，而不是简单的关起门来自己玩的游戏。所以，当一个公司 IPO 的时候，它可以溢价多少倍卖股票，那是因为这个企业的老股东和管理层经历了之前各个阶段的无数次考验之后才使得这个企业生存下来并发展起来，他们有充分的理由得到这个溢价。

到了⑥这个点之后，销量超过了 200 万吨，你开始获得超额利润，EVA 回报水平会超过社会平均的 EVA 回报水平。这个时候，你基本上会成为行业的领导者，会成为行业的标杆，只要不犯特别大的错误，这个生意基本上会进入一个比较像"自由王国"的发展阶段。这是第七阶段。

以上是我简单总结的新业务发展的七个阶段，不一定精确。新业务要想成功，都要经历这个过程。但是，这个过程也不是没有反复、没有退步。比如，即使是到了现金平衡点以上，有的业务也可能会走不下去，因为它可能会遇到环境变化，或者遇到更强劲的竞争对手，或者其他什么因素造成它又退回到亏现金的状态。

对新业务，我们必须要不断地去反思，必须要去衡量和评价它的每个发展阶段到底需要用多长时间，未来到底有没有希望，这个业务是不是在成长，是不是在进步。如果新业务或者新产品在亏现金的情况下还不断地推广、推广、推广，却看不到产品动销，就说明这个产品有问题。还是那句话，如果它是个草种子，浇再多的水也浇不成树。

一旦某一个新业务走到第七阶段了，那我们就真正创造了一个新价值出来、创造了一个新的生意出来。现在所有真正成功的品牌消费品企业也都是经过了好几个关键阶段、经历了无数次市场考验之后走过来的。最终，它会创造一个非常深入地影响人们生活的产品和品牌，会创造一个带来大量就业机会、源源不断地产生利润的组织。新业务一旦走到这个阶段，就很难垮掉了，因为它的容错性会非常强，在第一阶段亏 1 个亿可能承受不了，在第七阶段亏 10 个亿可能也没什么大问题。

希望我们多创造几个这样的新业务出来。

（2010 年 7 月）

> 五年、十年以后，中粮集团应成为一个通过不断研发、创新，为消费者在实质上带来营养健康的、高品质品牌食品的公司，这就与别人拉开了距离。这是我们的选择。

创新营养健康产品

现在国家正在进行经济发展方式的转变，建立战略新兴产业。几十年来我国整个经济的发展，一直来自规模投资驱动和资源消耗，这个大家都很清楚。但是到了今天，再往下竞争，特别像中粮集团这样不能投机倒把的公司、不能脱离主业的公司，必须立足于做百年老店，从长远的国家利益、民族利益、消费者利益、公司利益、员工利益出发，老老实实地做好科研。这个研发不只是搞新产品出来，而是对科学精神的尊重。

营养健康将给中粮集团带来突破

中粮集团的产业链影响是比较深的。那么全产业链是不是能真正给中粮集团未来一个定位？这个产业链必须是非常具体、非常实在的，必须有真正的技术做支撑，但我们有多少技术指标在里面，别人不能复制的地方在哪里？有人说中粮是国有的，产品安全，值得信任，与外商竞争很激烈，等等，但几乎没有任何人说你们的产品是营养、健康的，是有科技含量的，因为你没有这么做。中国未来的市场，按10亿人计算，如果每人每年消费一万块钱的食品，就是10万亿元的市场容量。在我们做好粮食加工、贸易这些产业的基础上，有什么能给中粮带来突破？我认为只有那些能真正让消费者体验到营养、健康，优质的食品。

健康是和谐社会的重要指标

一位美国人写到，这个世纪，健康产业是最大的产业。我认为很有道理。人们在经过了很多的科技起伏和动荡以后，对生命越来越关注、重视，回归到了更高的层面。几年前在北京图书大厦看到前20本畅销书中有8本是关于健康的、关于食品的，从这个角度来说，它的重要性就可以显现了。在"十二五"期间，中国人平均寿命提高一岁，我认为是非常关键的指标。如果说有哪个指标可以代替GDP，我认为是人均寿命，将污染、疾病等具体内容全都包括进去了，如果再加上科学发明、文化创造就更好了，这就是和谐社会。

研发一定要与产品、市场联系，一定要有效益。研发和市场之间有一个平衡点。这个平衡点不是简单的产品改良，必须将中粮集团笼统的思路和研发任务融合起来。从比例上说，我当然希望中粮集团未来每年投30亿～50亿元给研发团队，每年再投30亿～50亿元给品牌，再投一些做培训，这样研发团队、品牌、基础都发展了。

五年、十年以后，中粮集团应成为一个通过不断研发、创新，为消费者在实质上带来营养健康的、高品质品牌食品的公司，这就与别人拉开了距离。这是我们的选择。

（2011年3月）

> 我们讲公司战略，怎么布局，怎么竞争，怎么定位，起点一定是从客户开始，起点不对或者不准，就会有问题。

客户是企业战略的起点

客户服务理念的重要性

我在华润期间，在华润万象城刚建完时去考察，当时问那个经理："花了20多个亿，项目建设得怎么样啊？"他说："该咱们建的肯定都建好了，但是广东人爱穿拖鞋，能不能欣赏我们的东西，不一定。"没建之前不去考虑客户的需求和习惯，建好了之后却把所有问题都怪到客户身上了，这是典型的供给者思维，这个思维如果倒不过来永远是不行的，永远有问题。

对客户的重要性要有清晰的认识

过去我们讲过：员工是企业管理的起点，不理解员工、不知道员工需求就没办法讲企业管理；要说投资、说项目，起点一定是股东，要服务股东，即投资人的意志；而客户是战略的起点，是我们所有的竞争力形成的出发点和落脚点。我们讲公司战略，怎么布局，怎么竞争，怎么定位，起点一定是从客户开始，起点不对或者不准，就会有问题。

有时候一个客户几乎就能让一个企业成功，比如蒙牛过去和利乐的合作就有这种性质，一个客户就把蒙牛初期带起来了。还有，政府本身可以作为一个客户来看，是合作伙伴性质的客户，是整个业务流程当中不可或缺的环节。政府作为客户，有它自身的利益，也有它自己的考虑。以前，对供货商也好，代理商也好，零售客户、民众也好，不管上游下游，我们都没有真正考虑他们的需求，考虑的细节还不够，我们应该做到更系统化、更科学化、更注重细节、更提倡共享，让客户觉得中粮集团是一个很好的公司，而不是简单地让供货商有这种感觉，也不是简单地让政府的某个部门有这种感觉，最重要的是要让真正的客户感觉到。

客户、员工、股东这三者之间表面看是相互矛盾的关系。股东有自身的利益，如果股东什么利益都不要，把盈利都分给大家，那不行；如果利益都被股东拿走了，就没有员工了，没人干活了；如果卖给客户的价格最贵，客户就不买了。但这三者的利益在本质上是一致的，关键在于平衡，在三者之间平衡以后，一个企业的成功在表现形式上一定是：有满意的客户，当然一定也有满意的员工，也会有满意的股东。客户的满意为企业提供了让员工和股东满意的可能性。

我记得很多年前华润ESPRIT的总经理培训店长时说，你们要告诉你们的员工，他在见每一个客户的时候要知道，工资不是你发给他的，是推门进来的这个客户发给他的，他想不想得到这个客户？就是说，要让公司的每一个员工对客户在公司整个业务的循环上的重要性有一个清晰的认识。

大客户营销反映一个企业的系统水平

客户工作不仅仅是营销的事情，特别是对大客户，不仅需要在前台谈判的人、销售的人，更需要后台能跟上、能提供有力支持。客户服务虽然只是一个前端的环节，但是能反映整个公司的整体业务管理水平。特别是B2B（企业对企业）业务，客户服务的水平基本代表公司的整体水平。公司内部混乱而外部客户满意，这是不太可能的。

只有公司内部在管理的每个环节上都基本上达到一定的水准，才能让客户感觉到这个公司是一个比较完善的、可以信赖的公司。要把客户需求作为起点，往后倒推我们的业务流程、管理方法，把客户服务理念真正系统地落实到组织里面。

客户服务是分层次的，是一个逐渐进步的过程

过去中粮集团主要是做贸易业务，机会性、交易性的业务比较多，做了一单之后不知道还有没有下一单，因为连客户也不知道。在这个层次，基本上没有所谓服务，也不存在什么战略合作关系。

后来我们与客户有了比较长期的合作，比如我们现在可以在一定程度上掌控我们下游的客户，无论是面粉还是油、糖，都会有一个相对稳定的客户需求，我们来定时定量供应。

再往前走，就需要在更加稳固的战略层面进行客户服务，说一站式服务也好，战略合作伙伴也好，就是说不仅仅是买卖关系了，我们要对客户更了解，知道他的需求，并很快地调整我们自己的服务水平和服务内容。我们整个B2B业务，应该有相当一部分客户是比较稳定的，能够让我们做一个相对准确的规划，然后使我们整个业务在大行业里占据比较高的市场份额。

与客户的关系再走向深入，我们与客户之间就有可能变成股权关系，变成交叉持股了，双方在利益上达到平衡，这种关系就更稳固了，这个模式形成的产业链系统别人就很难模仿了。

客户关系一步一步走过来，实际上最难的是真正让客户取得信任。要达到这一步，需要我们的服务好、产品好、价格有竞争力、研发水平高，对客户本身的战略意图又很清楚，这是目前来讲在很多B2B业务的大客户工作中需要去努力做到的。

（2011年3月）

> 这就像一家企业,如果产品不好,研发创新不好,销售不好,想仅仅依靠财务部来推动发展、解决问题肯定是不行的。

反金融

苹果公司的乔布斯去世,全球痛悼英才,说他改变了世界,创造了人类幸福,是伟大的传奇的创新者。与此同时,在纽约、在雅典,占领华尔街的示威和抗议裁员的罢工正在激烈进行中,人们把失业和对收入不满的愤怒发泄在金融机构和金融政策上。这种对创造者、科技创新者的推崇和敬仰与对金融投资或投机者的仇恨形成了鲜明对照。2008年美国引发的金融危机还没有过去,现在欧洲引发的危机又再来袭,可能大部分人并不能搞清楚金融货币到底出了什么事,反正大家不像从前那样崇拜金融了,大家觉得受了金融的害。全球开始有了一些怀疑金融、批评金融、反对金融的思潮。

过去金融不得了,金融是最高端的行业,也是最高级的职业,不论是富人还是富国都与金融分不开,一说金融就代表了金钱、投资、利润,也代表了不需要资源消耗和无污染的GDP。金融货币这一工具,从凯恩斯(John Keynes)提出政府干预经济,到弗里德曼(Milton Friedmann)系统地研究了它,格林斯潘(Alan Greenspan)用了19年,造就了华尔街无数奇迹,金融本身并没有错。可是什么事情都一样,发展发展,时间长了,失去了警觉,也忘记了初衷,有些事就容易走向反面,善良甚至是智慧的起始也会带来意想不到的麻烦。

金融从一开始,因为有了货币,特别是脱离了金本位的纸币,有了银行，有了金融产品交易市场，有了政府，有了政府对货币和财政政策的不同偏好，有了借贷，有了国债，也因为有了人性中有缺陷的一面，金融业的人员也失职、也懒惰、也犯错、也滥用、也贪婪，这样这个世界就多了一种危机，这就是金融危机。这与我们过去说的经济的周期循环，资本家把牛奶倒进河里的危机不一样，这不是商品过剩的危机，商品生产者不是这个危机的制造者，其实商品的生产者在有了金融这一行业，特别是在金融行业大发展以后，他们的地位已大大降低了。金融危机不是产品供需现象，它从一开始就是一个货币和债务现象，虽然所有的人最终都会受害。所以今天占领华尔街的人有其道理，可惜到今天他们并没有提出有见地的金融改革方案。

金融危机听起来很复杂、很玄妙，好像很难懂，其实不是，道理很简单，都是大家明白的道理，只不过没有真正去做好罢了。比如钱不要借太多，这个道理都清楚。上次的美国次贷危机是银行贷款给买房者太多了，这次危机是政府借钱太多了，入不敷出，要不怎么会有债务上限的争论，怎么会有评级的降级。再比如借的钱要用好，可是不行，因为要搞福利、要搞竞选，特别是欧洲几个国家借的钱，大都做了人人有份的福利支出，没有形成可持续的能力。再比如企业不好了，就应该让它破产，可是不知何时，政府出手相助成了人人期待的事情，企业在这种情况下错误得不到根本纠正，占用了社会过多资源，效率没有提升。再比如本来钱就借多了，可又要用借更多的钱的方式、发更多的货币的方式来救市，用同样的犯错的方法来纠正错误，用同样最短线的手段来纠正错误，这种思维本来没有道理，可现在人们都在期待QE3（指美联储实施的第三轮量化宽松政策——编者注）出现。

最重要的是，大家都在金融手段上想办法，在信心作用上想办法，在汇率上想办法，在进出口政策上想办法，在试图立竿见影的手段上想办法，可是这一次，经济增长没有如期恢复，特别是就业没有回升，企业投资意愿也没有提高。为什么？因为金融还是金融，真正的实业性企业并没有得到任何激励，它们只是承受了恶劣经济环境的影响，这就出现了欧美经济体中有许多经营得很好的公司，可是有很坏的宏观经济形势的局面。

　　金融业本来是服务业，是服务于产业和消费的，这次金融成了主角，成了经济增长的手段、财富分配的手段，可纯粹用金融手段解决不了产业问题，企业中真正的创新研发投资及转型提升并没有发生，这个过程要求金融政策的改革，要求资源分配更多地关注到产业，这其实也是这次占领华尔街游行者的诉求。反金融的诉求能否起到一点作用现在无从知道，但从德国在欧洲提供了最大量的资金支持他国、中国也是美国最大债主来看，做好自身的产业，管好自己的企业和产品，适度控制借贷和依靠金融手段的欲望是长远发展的原则。这就像一家企业，如果产品不好，研发创新不好，销售不好，想仅仅依靠财务部来推动发展、解决问题肯定是不行的。

（2011年10月）

> 如果你能盈利 3000 万元，但需要集团投入 8000 万元广告费，你觉得这 3000 万元算是盈利吗？

品牌工作"新五步法"

品牌本来不是广告，但我们往往一说品牌就说电视广告，这个状态已经有两三年时间了。那么，今天我们就从广告来反推我们的品牌管理和系统建设工作。

第一步，将集团所有品牌按照重要性排序

中粮集团应该对它旗下所有的品牌进行排队，按品牌的市场重要性、战略重要性、销售规模大小、未来发展的前景等。我们必须知道为什么这栋楼叫"福临门大厦"，在建设的时候我觉得应该叫"福临门"，很多人不是很赞同，都说这个名字太土了。当时我想，"福临门"可能会变成中粮第一品牌。虽然我们那一年做得不是特别成功，但是我们还是要把"福临门"做成我们自己的第一品牌，而今天从影响力来讲也是这样的。

另外，我们还可以按发展阶段排列，也可以按区域排列。那天我给江国金（中粮集团肉食投资有限公司董事长——编者注）发了短信，我说："江国金，我非常想让食堂吃你的肉，可是你的肉就是不够。"他没有反应过来，以为是开玩笑，他说："我的肉马上就供上来了。"实际上他的肉连供应食堂都困难，因为量很小。所以，我们肉食的广告就不该这样大规模地去电视上做，因为量很少，铺货

率很低，最关键的是，这个规模是不足以支撑广告费的，把广告费平摊到很小的量上，必然会把单位成本抬得很高，不可能赚钱。

所以，彻底对品牌排序这个工作必须要做好，我们必须要搞清楚哪些品牌是重要的、是必须要做起来的；哪些品牌是需要慢慢培育的；哪些品牌可能是做不起来的、要放弃的。

第二步，根据每个品牌的发展情况制定品牌推广方案

在对重要性进行排列的基础之上，第二步我们要根据品牌竞争环境、市场发展的要求和品牌自身在这一年或者几年希望推广销售发展的力度，拿出一个真正的需要品牌推广的方案，先把资金拿出来，同时这个工作必须和品牌公司密切地配合去做。品牌排名，要有一个品牌经理来做，负责这个品牌的风险评估，这个人在品牌上要有 80% 的发言权。

真正的商业方案，不是一个简单的投多少钱的问题，我们除了要知道投入广告费，还应该清楚我们要开展的工作有哪些，这样才能做好这个事。

第三步，确立独特的产品创意和定位，集团要以"产业链，好产品"为基本基调

我们现在还要继续以"产业链，好产品"为基本基调，当然也可以围绕它来做一些改进和完善。我在外面见到认识的人也好，不认识的人也好，领导也好，朋友也好，亲戚也好，他们给我印象最深的是他们几乎都知道中粮的"产业链"，实际上这很可能是"产业链，好产品"主题传播潜移默化的结果。

我觉得这六个字具备了一定的"自我传播"能力，也就是说，它可以口口相传，而不再是那种说无数遍消费者还是记不住的东西。就像一句"怕上火喝王老吉"造就了这个产品。这句话彻底把北方人打动了，因为北方人甭管什么病，都归于"上火"。不管多大的病，一开始总是上火，这基本上是北方人的特点，去去火就好了。

这句话自己会去传播。今天我们难道就不能搞出一个主题来传播？我们曾经很费力地去传播我们的某些品牌，但销售就是不见增长，从品牌的角度来说，很大程度上是因为我们的广告没有具备"自我传播"的能力。严格来讲，我们公司里的推广，95%用的都是广告，效果我觉得不会太好，现在我们必须要好好研究，把它搞清楚。以前我们说过安全、健康、绿色，这个话实际上是没有效果的，一是因为说得人太多了，二是信任度太低，消费者都不信。

目前，首先应该把中粮集团的集团形象广告和产品销售广告的创意分开来。如果销售广告不够，影响了形象，未来我们可以多去做一些；如果集团广告比较充分，我们可以多做一点销售型的、促销型的广告，说说产品特性也可以。但是一定要体现这个产品是出自中粮集团，可以把它整体串起来。

其次，广告要有一定的稳定性，让大家能够记住。除去"产业链，好产品"的广告做的时间比较长以外，实际上其他广告打的时间都很短，不太适合"人的学习、人怎么获取信息和记住信息、怎么受信息影响"的一般规律。如果我们的广告前后变化大的话，就有可能把消费者搞糊涂，无所适从，实际上还会产生负面影响，还不如不做。

第四步，创造出集团整体的调性，所有广告和诉求都要基于这个调性

这一步和前面几步是有联系的，比如从本身产品的定位，到它的资源，到它业务的发展怎么来创意，是一个整体。如果大家觉得肉食的广告好，那么我们可不可以把这种产业的调性、技术的调性、员工的调性，让消费者感觉很可信的背景和语言，作为未来中粮集团所有广告的基调，从而彻底改变我们各做各的广告、基本没有章法的现状呢？

我觉得，肉食那个广告的调性，用到酒上也是可以的，油也是可以的，米面也是可以的。中粮是中国最大的菜籽油生产商，如果

我们广告的调性中加入中粮集团，再加入产品的口味等，我觉得它的说服力要好过一个小技巧、一个小道理的广告，很踏实、很朴实，而且也非常有生活质量的诉求感，给人可信赖之感。

中粮集团整体对外形象应该有一个视觉或者听觉基本的规律。

第五步，投入后反思和评价的方法要科学，品牌投入要以市场为导向形成合力

对费用投入之后的反思和评价方法还应更科学。中粮集团未来做广告必须要改变各单元自说自话的情况，必须要改变广告基本上是空中楼阁的、与消费者没有直接联系的情况，必须要改变集团和单元没有直接联系、广告和产品没有直接联系、产品和渠道销售没有直接联系的情况。

但是我们必须理解这个业务是有一些规律的，品牌管理应该深入理解这种规律，形成理念，形成管理方法，由市场传导下去。不能把广告做成艺术，大家都是卖产品的人，必须要把这一点明确下来。任何一分钱花出去，如果你们从内心觉得这个东西对销售没有大的作用，你们都应该感觉到很难过。蒙牛一年差不多投20个亿做广告，越做越来劲，因为它的这种投入机制已经形成了，变成了一种没有广告就没有销售增长、有了广告销售就增加的状态。当然，这是在它的规模、产品和网络都已经搞得很好的基础上才实现的。

从管理方式上这些问题也没有解决，我们的经营单位还需要集团在广告费上给予补贴，这实际上是很不合理的。集团的品牌业务，如果扣除集团给予的广告费支持，还能不能盈利？这是每一个做品牌业务的人都必须要深思的问题。如果你能盈利3000万元，但需要集团投入8000万元广告费，你觉得这3000万元算是盈利吗？

总的来说，我们目前还在前进的过程之中，品牌也好，广告也好，都要进一步树立其在我们心目中的地位和系统梳理思考的逻辑。

（2011年12月）

> 丹麦国家的这一切与骑自行车有关系吗？我想一定是有的。

自行车

这几年老外到中国喜欢说中国好，说中国好时爱说的一句话是现在骑自行车的人少了。我们自己也为骑车的人少了感到很自豪，因为富裕了开汽车的人多了。可前几天我去了丹麦的哥本哈根，发现那里骑自行车的人正在多起来，上班时自行车成行成队你追我赶，火车站旁的自行车停了一大片，有点追赶中国 20 年前之势。问当地人为啥，说年轻人骑车帅气时尚。是买不起汽车吗？答曰不是，是潮流。中国的很多时尚学国外，如果真的自行车又成了一种老外时尚，不知道啥时候中国的年轻人又会再学。丹麦这个国家人均 GDP 全球第六，高过英美，生活质量、环境水平、幸福指数全球领先，骑自行车是一种选择，好像无意中表达了一种对财富、对自然的看法，不知道这在将来会否又是一件领先的事。

这让我想起富豪巴菲特（Warren Buffett）的几件事，与骑自行车有点意思上的小关联。在美国遇到巴菲特，我说你在中国和美国一样有名。他问为什么，我答因为你有钱。他说你可否回去后告诉中国人，说巴菲特已经没钱了，他都捐了。说着他开玩笑地掏出钱包让我看，钱包里有几张散钞票，钱包很旧，边都已磨白了。说着他让我和他一起拿着他的钱包照相。这件事已有几年了，因为有点开玩笑，我也没在意。可最近我又听说他的两件小事，觉得巴菲特除了财富外可能还代表了一些东西。一是 IBM 的女总裁说的，她说因为巴菲特的公司买了 IBM 的股票，她去看巴菲特，这位老人家不仅和她谈了投资和公司管理，最后还一定坚持自己开车把她送到了机场。还有个故事是运通银行总裁说的，巴菲特一直是运通的股东，有次两人约了在运通见面，因为飞机关系老人家到早了，他就坐在运通大堂等了一个小时，后来被人认出来，运通总裁赶紧下楼迎接，说怎么到了不告诉他，巴菲特说约好了时间，不应该早打扰他。巴菲特的这些做法不像大牌人物，这可能也是一种态度。这种态度是怎么形成的？与他的投资成功有多大关系？

再说回丹麦，这个国家只有500多万人，是中国的一个中等城市大小，可这个国家给人的印象好像大很多，从产业，到艺术、到运动都让世人记得它。它的农业、生物制药、环境产业、乳业、航运业都在全球领先。马斯基航运、诺维信生物、爱氏晨曦乳业、Ecco鞋业、LEGO玩具、Bang&Olufsen影音设备等公司如果你不深追，都不太会意识到它们是丹麦公司。小国家大公司，而且这个国家税收全球最高，福利很好，是典型的北欧福利国，人们的干劲和创造力哪里来呢？与骑自行车有关系吗？

大和小的辩证关系在丹麦可能表现在很多地方，在这里皇室和女王很受拥戴，被认为是国家最高权力和道德的象征，但据说皇室和平民接触很多，女王的国宴虽然仪式庄严，但菜式很简单。国人喜欢的王妃听说在教人们如何避免晒太阳过多得皮肤病，如何可以不花很多钱买名牌而也可以穿着漂亮。丹麦很出名的景点是哥本哈根海旁的美人鱼雕像，可看到之后你才会意识到她是如此之小，如此不起眼。这么小的东西怎么会名气很大？有位丹麦餐厅的服务员回答了这个问题，原话是："有名气的东西就一定要大吗？"

丹麦国家的这一切与骑自行车有关系吗？我想一定是有的。

（2012年6月）

> 有什么样的文化，决定着食品行业有什么样的发展和未来。

食品安全需要文化引领

食品安全高层论坛已经成功举办四届。在这四年里，社会各界一直在努力，使我们的食品更安全、更健康、更有营养。政府不断出台新的法规标准，协会、媒体的监督力度不断加大，消费者对食品消费逐步趋于理性，食品企业也在努力提升自身管理水平，大家都在关注食品安全，都在努力探求食品安全的解决之道。

这几年，食品安全也仍存在一些问题。分析原因，有的是源头没有管好，有的是加工过程没有控制好，有的是仓储物流环节出了问题。但根本原因是食品行业没有形成上下游高效协同的产业链条，在食品安全管理上也未形成长效机制。

作为食品产业链的主体，食品企业是食品安全的第一责任人。食品企业要真正把食品安全作为企业的生命线，作为企业赖以生存的基础，像保护眼睛、保护生命一样，用所有的力量去捍卫食品安全。

近年来，中粮集团不断探索食品安全的保障模式，希望摸索出一套行之有效的管理方法。中粮集团提出全产业链粮油食品企业战略，也是基于这种想法，我们希望通过这种商业模式，协同整个产业链的各利益方，使产业链的每个环节都能按照食品安全的要求做好，每个环节都拿出一个合格的产品交付给下一个环节，这样产业链的内部就可以形成一个理想的、自我调节的食品生态系统。

食品企业是休戚相关的利益共同体，一个企业做不好，可能毁掉一个行业；行业做不好，不可能产生优秀的企业。在食品安全上，食品企业应做到开放、高境界、有机协同，把食品安全作为共同的责任，遵守着同样的规则，把食品安全思想落实到系统内的每一项工作、每一个环节、每一个人，这些都需要食品企业共同努力。

食品安全需要一种文化去引领。有什么样的文化，决定着食品行业有什么样的发展和未来。我们要倡导诚信文化，做守法守规的企业，不要小聪明，不欺骗消费者；要倡导阳光文化，敢于正视问题，敢于承担责任；要倡导反思文化，不断自我反思，不怪行业不怪运气；要把食品安全文化融入产业链的每一个环节，通过文化引领，履行社会责任。

中粮集团希望成为食品安全方面的引领者，加强自律，不断健全食品安全管理机制；加强交流，不断促进食品安全管理提升；坚守诚信，不断提振食品消费信心；共同努力，把食品安全工作做好，让老百姓吃得更安全一点、更好一点、更营养健康一点。

（2012年6月）

> 随着竞争环境的变化，随着消费者和市场环境的进步，真正踏踏实实的、实实在在的、不蒙不骗的、物有所值的产品力成为今天最主要的市场竞争手段。

产品力

过去比如某个产品推出后销售表现不好，大家往往将原因归结为投入不够。这里的投入不是指研发、生产投入，而是指广告、销售投入，这种观念一直延续至今。然而，随着竞争环境的变化，随着消费者和市场环境的进步，真正踏踏实实的、实实在在的、不蒙不骗的、物有所值的产品力成为今天最主要的市场竞争手段。苹果公司最近推出 iPhone5，他们只会投放一两次一支很笼统的广告，绝大多数广告都是经销商和代理商做的，苹果公司就是靠产品力带领整个公司赢得市场。

曾经一段时间，中国人认为中国的产品什么都好，就是包装不好，名牌都是包装出来的，后来就出现了过度包装的问题。现在市场上很多消费品，包括每年卖的月饼，包装材料的价值远远大过产品本身的价值。过去的产品要么重视广告，要么重视包装，反而忽视了产品本身。实际上中国的消费者是在进步的，他们越来越重视对产品的直接感受，对产品的要求也越来越高。对企业来说，好产品才是第一位的，各方面的努力，包括改进组织结构、财务结构、完善推广系统，都应该是为了把企业的好产品推向社会。

CEO 应该是首席产品官，应该是 CPO（首席流程官），首先要对产品负责。产品是结果，是形象，是消费者对公司最直接、最重要的感受和认知。没有好产品，企业什么都不是。没有好产品带来的消费者忠诚度，没有好产品创造的销售业绩，企业是无法在市场上长久立足的，好产品自己会说话。

百事可乐为了与可口可乐抗衡，选用"新一代的选择"作为自己的广告语，以显示与可口可乐的区别。可口可乐本身也做了改革进行应对，但这一举动引起了可口可乐消费者的强烈反对。他们认为可口可乐不仅仅属于可口可乐公司，而是属于所有可口可乐的消费者，是美国的国宝，不能随便改。甚至在美国的餐厅里见面喝饮料，别人都会询问你是一个喝可口可乐的人还是喝百事可乐的人。这体现的就是强烈的品牌忠诚度。但中国的消费者没有品牌忠诚度，他们追求的是品牌信任的安全度，因为中国的产品还没有达到产生品牌忠诚度的要求。消费者对产品的挑剔，加上对品牌的忠诚度不够，使得企业间的竞争非常激烈，使得企业不能长期占领一个稳固的领地，只能持续不断地往前走。可口可乐的总裁曾经跟我讲，可口可乐在南非打败了百事可乐以后，十年以来南非再也没出现过别的饮料，而中国的饮料市场却不断有新的竞争者和新的饮料出现。

在这种竞争激烈的环境下，我们必须高度关注产品、关注研发、关注市场，如果我们的管理线路、管理动作、管理环节在产品、在生产线、在创新产品质量上，不能被消费者深刻地感受到和发动起来，不能对市场变化做出快速有力的反应，那么所有的管理动作都是无效的。GE之前非常关注技术、关注研发，后来韦尔奇（Jack Welch）搞了很多并购、财务投资。伊梅尔特（Jeff Immelt）接班，GE开始重新更多地关注技术、关注研发。从企业自身来说，如果GE当时用更多的精力去做产品，那么今天公司价值会更高，为什么？GE的产品在过去几年，没有太多的创新，GE的市值从曾经的美国最大，连续几年时间降到2000亿美元，只占苹果公司市值的1/3。从GE的例子我们应该反思，什么是百年老店？什么是踏踏实实做专业？什么是做好产品？

（2012年9月）

> 这真是一艘航行中的船，你的航道其实不宽，你的航线变化很大，你的航程很长。

利润区

经济不好，看企业就更清楚了。企业过去做的事对不对，经济成长放缓了算是个考试。所以企业不应该把经济不好这个机会浪费掉。过去我们看到不同的企业不同的成长方法，经常认为企业的事可以影响的因素太多了，难以寻到一个规律。可今天再看企业，发现还是有些很明显的规律的，不能不信。

这个规律的总称就是利润区。利润区虽然听起来像只说赚不赚钱，可它不仅仅是你的企业目前是否有利润那么简单，利润区要求你在正确的行业、正确的时间、正确的规模、正确的速度、正确的产品定位、正确的产品组合、正确的价格、正确的成本，还有很多个正确一起，特别是再加上正确的研发创新、正确的品牌渠道策略来保证你处在利润区内。这真是一艘航行中的船，你的航道其实不宽，你的航线变化很大，你的航程很长。而且，你别以为有没有利润仅是你自己富有还是贫穷的事，长期不在利润区的企业对社会也是伤害，因为它错误使用了资源。

在这么多的正确里边，有很显然的轻重缓急的次序。结果性的、目的性的，与你要服务的客户接触最直接、影响最大的，也是企业经营规律中最稳定和不断被重复验证的，其实也是企业管理的所有复杂冗长环节全部为之努力的，就是企业的产品。而产品这个环节在我们不断过度强调企业其他环节的重要性和复杂性时，往往被忽视。企业从社会属性来讲它的最终目的就是生产产品。一个社会如果有许多好企业生产许多好产品，这个社会大体上就是个好社会。

但事情还没有那么单纯，从商业社会被人类发明后，产品、好产品、正确的产品、进步的产品、创新的产品、不断自我革命的产品就在竞争中源源不断地升级出现。

企业的利润区就从生产一般产品的企业不断地被好企业引领及竞争推动向着更有创造性的产品转移。美国金融危机到今天没有恢复，但这不妨碍苹果公司的销售、利润、市值都创了历史新高。几年前还独领风骚的电话公司，诺基亚、摩托罗拉、爱立信今天已面目全非了，很有时过境迁的苍凉感。日本的神话级的公司，索尼、松下、夏普今天都挣扎在生存之中。因为在这个行业，由技术进步带来的利润区变了。

不仅在技术行业，像在吃穿一类的传统行业，利润区也在不断地变化。单拼价格战一般都不在利润区，中国的企业爱打价格战，有时把整个行业都打出了利润区，因为能创造附加值的投入不够。企业的经营者要在同类产品中把自己产品定位在规模和毛利最匹配的区间，把自己企业中不同类产品的选择组合定位在有创新有附加值的区间。达到这样的组合的基础是在理性、科学、长远的商业思维基础之上的企业管理选择，是一个全组织努力的过程，研发创新市场品牌是其核心要素。企业在本来意义上是认识自然、创造产品的组织，没有了探索和创造，只是倒手买卖，对客户和社会用处不大，自然不在利润区了。

技术进步、产品细分、功能提升、品牌忠诚、效率提高，这些要素在近年来的传统行业竞争进步中越来越起着关键作用，中国的消费品市场正在经历这样的过程，所以中国消费品市场的利润区也在快速转变。经济放缓了，再看一个企业，知道不能仅看它的规模、盈利，更要看它的产品、产品的区间、产品的组合、产品的进步、产品的附加值、产品的技术含量、产品的活力、产品的可持续性，看它不断提升产品附加值的能力。这些原则不仅适用于高技术行业，在磨面榨油养猪的最古老行业中也是如此。

（2012年9月）

> 研发创新能力对集团的发展至关重要，决定了中粮能否成为一家有竞争力、有生命力、能够持续发展的公司。

构建研发体系

研发创新能力对集团的发展至关重要，决定了中粮能否成为一家有竞争力、有生命力、能够持续发展的公司。今后，集团将不再重复强调研发的重要性，而把工作重点放在研发执行能力的提升上。集团将加大在研发投入、考核、流程等方面的工作力度，努力通过研发实现中粮向营养健康食品企业的转型，实现研发驱动下的业务可持续发展。

集团到了必须通过研发改善产品组合的关键时刻

经过近几年的快速发展，集团资产从原来的 500 亿～600 亿元人民币增长到目前的近 3000 亿元人民币，无论是贸易、加工、仓储、品牌食品，还是地产业务，在规模上都实现了大幅扩张。在规模扩张的同时，我们必须看到，产品的毛利率、竞争力、技术含量却未能得到有效的提升。从我国企业经营环境的全局来看，中国企业已经走过了仅仅依靠规模和粗放式经营就能够实现不断发展的阶段。今天，很多中国企业已经凭借其研发优势实现了市场的不断扩张和企业的持续成长。在这样的环境下，如果我们不能通过研发来提升产品的技术含量，优化产品组合，提高产品毛利率，我们就将无法生存下去。

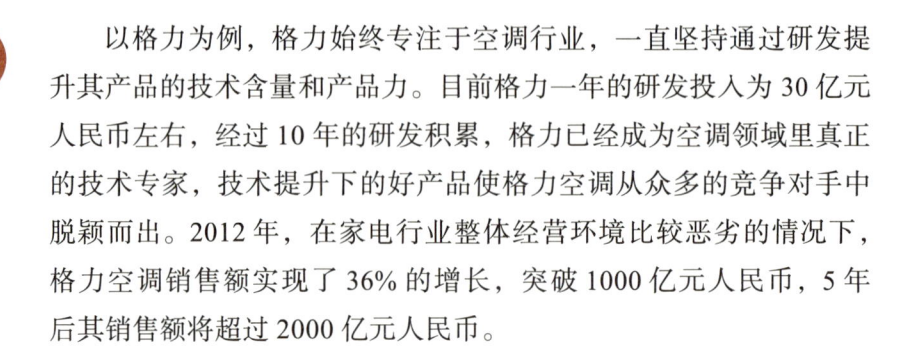

以格力为例，格力始终专注于空调行业，一直坚持通过研发提升其产品的技术含量和产品力。目前格力一年的研发投入为30亿元人民币左右，经过10年的研发积累，格力已经成为空调领域里真正的技术专家，技术提升下的好产品使格力空调从众多的竞争对手中脱颖而出。2012年，在家电行业整体经营环境比较恶劣的情况下，格力空调销售额实现了36%的增长，突破1000亿元人民币，5年后其销售额将超过2000亿元人民币。

保障研发投入，优化考核指标，以研发驱动企业不断发展

在研发经费的投入上，集团必须建立起合理的经费提取制度，从年度经营预算开始将本年对研发资源的投入规划出来，全面保障集团研发资源的持续投入。

在保障研发资源投入的同时，集团从明年开始要对各个业务部门的考核指标进行优化，由过去的主要考核规模性的指标变为考核企业发展质量的指标，比如产品的毛利率、产品的技术含量、产品在市场中的竞争力水平、新产品销售占比等，构建起以研发提升产品力，驱动企业可持续发展的考核指标体系。同时，通过这个考核体系，也对我们通过研发和创新所带来的销售增加、新品增加、成本降低等价值创造活动进行有效的评价。

有效的研发流程将保障研发出赢得市场的好产品

研发流程的设计要简单、可操作、执行性强，通过阶段门的设计在每一个阶段的关口对新产品进行有效的测试和评价，保障最终投入市场的新产品能够获得客户的认可。在产品上市前，最少要经过三个阶段的测试，一是内部的测试，二是小范围的测试，最后才是拿到货架上进行的测试。这种测试是一种综合的测试，包括产品质量、功能、包装等多个方面。研发流程每一项指标的测试都应该充分考虑到市场和消费者的诉求，如果我们的产品在测试阶段的反

映都很好，而在上市销售后却不能赢得市场和客户，那一定是我们的产品存在问题，好的产品是一定能够获得市场认同的。

研发能力决定中粮的未来

纵观全球企业发展史，那些真正能够实现基业长青的公司，那些能够保持旺盛的生命力实现持久发展的公司，无一不是通过研发和技术创造而推动的。企业本身就是一个用技术来探索自然的组织，如果缺少了技术的驱动，企业就难以为社会实现价值创造，这样的企业也就没有了长期存在的意义。中粮的未来也是由我们的研发能力决定的，我们的未来不应是一家粮食企业，而是一家由研发驱动而带来新产品不断推陈出新的、成功新品在产品组合中能够占到 30% 以上的营养健康食品企业。再往前，我们将成为一家大健康企业。

研发创新绝不仅仅是研究院一个部门的工作，而是与各个部门都息息相关的一项工作。集团将在研发系统的打造中实现经营模式向精细化的转变，将在我们的组织中培育起尊重科学、崇尚研发的文化氛围，将通过研发体系的构建来系统地改变我们的公司。

（2012 年 12 月）

> 要像保护生命和眼睛一样保护质量安全,不要冒险去推出一个可能存在质量安全风险的产品,一点小小的利润在企业声誉损失面前微不足道。

质量安全

最近媒体评出 2012 年十大食品安全事件,有的是原料出了问题,有的是生产过程出了问题,有的是出口端监控不严出了问题。食品安全事件一方面给涉事企业带来巨大经济损失,另一方面给行业也带来了灾难性影响。

质量安全是食品企业生存和发展的底线

质量安全问题对食品企业来说是生命的底线。当前中国知名食品企业不断被挖出问题,我想可能有一些是竞争对手、媒体在积极寻找问题、炒作问题,但整体而言,国内的食品行业整体环境是很敏感的,我们长期处于不断被监督、考验、批评、质疑的环境中。经历过多次食品安全事故后,食品行业变得非常脆弱,食品企业不能再发生任何大的问题,哪怕是一个很小的风险,企业都要付出很大的代价。一个企业,一旦出现食品安全事故,造成的社会影响、经济损失、信誉损失、品牌损失就需要长时间去恢复。

食品企业在食品产业链系统上难以独善其身

由于国情限制,食品企业很难既去种粮食,又去超市卖产品,从田间到餐桌，链条长，过程复杂，食品产业链发生的问题，无论是生产加工过程的问题，还是源头或销售环节的问题，最终都会集中体现到生产者身上。如果我们忽视食品产业链上的任何一个环节，都可能导致整个系统崩溃。

首先，行业存在的问题企业很难避免。食品安全问题很多是行业问题，各产业链都或多或少存在一些，一直未能从根本上解决。其次，产业链源头风险控制难度大。一些源头风险未在系统上有效根除。转基因、重金属、农药残留、兽药残留等问题，都是源头问题，可能我们不去做这个环节，但我们要施加影响，如果不加以管理，就会发生问题。再次，出口端管控不严会导致产品在最后环节失控。企业流通环节分包给第三方，导致无法有效控制流通过程中的质量安全，虽然出厂的产品合格，但仓储物流过程管理不当，微生物滋生导致产品变质，没有控制好到餐桌前的最后一公里，到了消费者手中，最后还会出问题。最后，产业链上的相关方会带来食品安全风险与隐患。企业对供应商、OEM（定牌生产合作，俗称代工）工厂等缺乏管理。

大环境决定食品安全是一个长期的命题

一个国家的食品安全管理水平与这个国家的生产力水平息息相关，发达国家走到今天，同样经历了一个漫长的过程，我们与之的差距，不仅仅是技术、标准和管理上的差距，还有文化上的差距，这决定着彻底解决食品安全问题，仍需要一个相当长的过程，就当前大的环境来讲，有以下几个风险，制约着食品安全管理水平的提升。

首先，生态环境恶化将持续对食品安全产生影响。环境污染使原料风险不可控。其次，水质劣变问题严重，90%的地下水受到不同程度污染。欧美国家在20世纪60—80年代也出现过类似问题，但通过一系列治理手段，基本控制了污染。再次，产业集约化需要有一个漫长的过程。在种植养殖环节，美国以农场为主，平均每个农场拥有土地3000亩左右，农业专业化水平高；我国有农户2.4亿人，农民专业合作社37.91万家，实有入社农户2900万左右，仅占全国农户的 12%，其余都是以家庭为单位的分散农户。在生产加工环节，我国现有生产企业 40 万家，其中 10 人以下的小型企业或家庭作坊占 80%；在贸易流通环节，国内食品流通单位 521.8 万个，其中个体工商户占 90.05%，安全管理水平相对较低，诚信自律意识不高。最后，检测技术进步使食品安全问题发生概率增大。随着食品科技水平的提高，检验能力提升，一些之前不能检测的指标变得可能，一些指标的检测限值越来越低。政府和企业对食品安全指标的监测频率和监测力度越来越大，1999 年到 2007 年，国家监控物质种类增幅 146%，监控物质数量增幅 172%。消费者维权意识提升使食品安全事件更加难以处置。随着国民素质整体提升，消费者食品安全风险意识、法律意识和维权意识明显提升。

食品安全对中粮集团是挑战也是机遇

这几年，随着全产业链战略快速推进，中粮迅速成为一个集农产品初加工和品牌消费品制造于一身的粮油食品企业，从食品质量安全角度来看，我们正在面临多方面的食品安全风险和挑战。

一是行业跨度大，涉及的食品品类多。国家标准把食品分为 16 大类 124 个品类，集团业务涵盖 13 个大类 47 个品类，涉及 13 个主要产业链，行业跨度大，管理难度大。二是企业质量安全管理水平参差不齐。一些基层企业已经达到行业领先水平；一些企业仍停留在半手工、半自动化状态。三是辅料、添加剂种类多管理难度大。统计显示，国家允许使用的添加剂有 23 个类别、2000 个品种，集团使用了 20 大类、462 个品种，尤其是复合添加剂，过程管理风险较大。四是产业链上下游风险可能危及集团安全。产业链上的从业者有一些是规模大、管理规范的公司，有一些是家庭作坊，缺乏有效的食品安全管理手段，而这些公司可能成为或间接成为集团的供应商。五是新业务、新产品、新团队带来的挑战。随着全产业链战略推进，未来集团品牌消费品市场份额增加，产业链进入诸多新的领域；生产加工能力快速扩张，玉米、大米等加工能力大幅增加。

六是预计到 2015 年集团新增就业人员 5.27 万人，新团队、新相关方、新员工都将带来新的风险。

但是，从事物的另一面来看，食品安全对中粮也是机遇。在当前国内食品安全事件频繁发生的背景下，谁能真正做好食品安全管理，赢得消费者信任，谁就能赢得明天。奉献"安全、放心、营养、健康"的食品，是中粮的使命和核心价值，我们能否真正履行自己的使命和诺言，这既是社会责任，也是发展机遇。

解决食品安全问题必须依靠系统方法

系统是由若干要素结合而成的具有特定功能的有机整体。小到一个班组，大到一个企业，都是一个系统，在系统中有很多要素，这些要素相互联系、相互制约、相互影响，形成合力，才能实现特定功能。

欧美发达国家经过近百年的探索，建立了一些先进的质量安全管理系统和方法，并制定出 ISO 9000、ISO 22000、HACCP 等质量安全管理标准，这些管理标准的本质就是系统方法，也就是要求企业要依靠系统来控制风险。此外，亨氏、达能、可口可乐等标杆企业，在供应商、检验检测、食品安全标准管理等方面也积累了大量的管理经验，这些都需要我们去学习和借鉴。

质量安全是我们必须要做好的工作，是对团队和产品最基本的考验，我们必须抱着反思的态度去看待，不怕把问题的严重性夸大一点，要战战兢兢、如履薄冰一般把质量安全工作做好。要像保护生命和眼睛一样保护质量安全，不要冒险去推出一个可能存在质量安全风险的产品，一点小小的利润在企业声誉损失面前微不足道。

（2013 年 2 月）

> 需要我们以全球视野来审视粮食安全问题，充分利用两个市场与两种资源，在动态中实现粮食供求的基本平衡。

以全球视野审视中国的粮食安全

如果把粮食仅仅定义为稻谷、小麦、玉米，我国的粮食供求基本是平衡的。但如果把范围扩至大麦、大豆，乃至油菜籽、食糖以及畜禽产品等，可以说，我们还未完全实现粮食的自给自足。

为什么粮食"九连增"，仍不能满足需求呢？根本原因在于我国正处在城镇化率提高和食物消费结构升级的阶段。虽然大米、面粉等主食消费在城市与农村都呈下降趋势，但肉蛋奶、植物油、糖的消费持续攀升。过去10年，我国肉类消费增长了1/4，饲料占粮食总消费量的比例达到40%以上，植物油消费翻了一番，糖消费增长了125%。特别是我国消费结构的转变升级还在不断加快，根据一些国家和地区的经验，当人均GDP按照购买力平价达到2万美元时，消费结构才能趋稳。由此看来，我国粮食消费增长的趋势大致要持续到2025年。

过去我们常以不足9%的土地养活了世界上20%左右的人口引以为豪，但那是一种相对低水平的自给自足，当中国人要像发达国家居民一样既要吃饱还要吃好的时候，这个平衡就被打破了。因此，这就需要我们以全球视野来审视粮食安全问题，充分利用两个市场与两种资源，在动态中实现粮食供求的基本平衡。

那么，我们在国际市场调节粮食余缺，世界市场有供给能力吗？答案是肯定的。

2006年以来全球粮价上涨，个别国家确实出现过"粮食危机"，但这些国家大多是低收入缺粮国，粮食问题更多体现的是贫困问题。尽管世界范围内的"粮食危机"问题不断引人担忧，特别是世界粮食的库存使用比例也曾接近甚或阶段性低于联合国粮农组织设定的17%～18%的警戒线，但真正因短缺而导致的实质性粮食危机还未发生过。过去10年间，稻谷年产量增加了17%，小麦年产量增加了19%，玉米年产量增加了47%，大豆年产量增加了30%，有效应对了需求增长。特别是粮食价格的上涨刺激了供给，播种面积的增加使巴西、阿根廷成为重要粮食出口国，科技进步提升了粮食单产，俄罗斯、乌克兰等国农业增产潜力巨大。

当然，美国对玉米燃料乙醇的广泛使用是影响全球粮食安全的一个重要因素。但目前看来，以玉米燃料乙醇、甘蔗燃料乙醇为代表的能源和粮食互动关系已基本稳定。美国玉米增产满足了燃料乙醇发展的需要，出口未受太大影响，巴西在甘蔗燃料乙醇快速发展的同时，食糖出口增长也很快，占全球食糖出口超过40%。同时，页岩气等新能源的发展正带来更多的能源选择，可能将减少对玉米燃料乙醇的使用，带来更充分的粮食供应。

因此，以全球的眼光来保障我国粮食安全，应在三个方面下功夫。

第一，我国应从全球角度来考虑粮食安全。特别是在农业增长速度跟不上需求增长速度的情况下，就更要利用全球粮食市场调剂余缺。因为，当粮食供应偏紧时，最见效的办法就是限制需求。但实际上，粮食品种之间存在着较强的替代关系，"堵"是"堵"不住的，缺口会在不同品种上表现出来。如小麦价格比玉米价格有优势，则小麦就会替代玉米进入饲料，再如玉米价格比糖料价格有优势，玉米就会转变成淀粉糖替代食糖进入食品饮料行业。在经济全球化深入发展的背景下，要在坚持粮食基本自给的前提下，充分运营世界粮食市场和资源，以实现可持续发展。

第二，我国应有站在全球角度的长期战略规划。我们在利用全球市场和资源的过程中，一定要汲取大豆的教训，制定长期的、基于全球市场供求的、全球布局的战略规划，明确哪些品种需要依靠国际市场和国际资源，缺口有多大，从哪些国家和地区进口，做到主动把握进口、科学规划进口，让国际资源为我所用。

第三，培育我国自己的、全球布局的、全产业链的国际粮商。粮食经营的主体是企业，国际粮商通过在全球布局的粮食加工、仓储物流设施以及全球化的贸易网络，在全球粮食流通和加工中发挥着举足轻重的作用。国际粮商大多已进入我国，呈现国际竞争国内化格局。落实国家粮食安全战略需要培育我们自己的国际粮商，在国内市场做大做强，加快"走出去"步伐，在国外建立稳定的采购渠道和网络。

（2013年4月）

> 没有产品力，就不会有销售；没有销售，我们什么都不是！

没有产品力就没有销售力

关于产品力，可以理解为消费者和客户对产品的接受和喜欢程度，包括产品在口味、功能、质量、成本及价格等方面的物理属性。

关于产品力的重要性，我们再怎么强调都不为过。举个例子：前段时间，中粮屯河增发股票，有一个投资者买了很多。我和他沟通了一下，他的决策逻辑很简单，他女儿吃过一次屯河的番茄丁，很喜欢，老让他买，他就觉得产品好，公司也不会差，所以就买了屯河的股票。这是一个投资者通过对公司产品的体验评估一个公司，进而决定投资。

因此，我们要有这样一种共识：没有产品力，就不会有销售；没有销售，我们什么都不是！我们投资，建了工厂，如果没有销售，这一切都起不了作用。另外，如果我们产品的产品力不强，产品卖不出去，前期的投资、团队的培养，就全都白费了。因此，我们要实现这样一个循环：做好产品—把好产品卖给消费者—消费者觉得好—下次再买我们的产品，成为忠诚的消费者。

回头来看，中粮集团为什么在产品上没有突破？现在，产品力不强已经成了整个集团的一种共性，成为制约业务发展的瓶颈。我自己也一直在思考，哪些因素会决定一个产品能不能成为明星产品？我们的产品力不强，至少有以下几方面的原因。

一是思想认识上对产品的重视不足。我们重视财务结果、重视组织架构、重视规模、重视级别、重视形象，但就是不重视产品，对产品不够痴迷、不够用心。如果我们对产品不痴迷，是很难研发出消费者喜欢的好产品的。

二是产品管理方面的专业水平有待提高。我们现在做产品，没有认真分析行业发展和竞争状况，没有充分了解消费者及客户对我们产品的体验，也不清楚我们产品的优点及不足在哪里，没有认真分析消费者为什么买、为什么不买。如果消费者只是偶然购买、误会性购买、冲动性购买、稀里糊涂购买，消费者食用后不满意，就不会有重复购买，这样我们是不会成功的。我们来看可口可乐是如何重视消费者体验的。有一次，美汁源做产品改进，准备把塑料瓶的重量降低零点几克来降低成本，后来这个方案被做产品的人否定了。因为做产品的人认为，就是这一点点用料的减少，就会导致瓶壁变软，手感变差，影响消费者的体验。另一方面，美汁源一直使用进口的橙子，力求产品质量稳定，培养消费者的忠诚度。这些造就了今天美汁源在果汁市场上的领导地位。这个例子说明，产品力是多么重要，在可口可乐这样的公司是如何被优先重视的。

三是资源不集中，没有培养出明星产品、超级单品。什么都做，什么都没有做大做强。而业务上，往往一两个超级单品，就能把一个公司的整体业绩拉上去。大家要好好想想为什么娃哈哈光一个营养快线每年就有两百个亿。另外，如果没有特仑苏，蒙牛也不会有今天的地位。经过对目前产品力的分析、学习和反思，我们需要尽快采取一些措施来提升产品力。

第一，集团要建立起"产品崇拜"的意识。我们对追求好产品要有一种痴迷、敬畏的精神。所有的好产品，都必须是带着对产品孜孜不倦的追求、带着偏执，才能做好的。

第二，建立科学的产品力分析方法，把好新品上市关。采用科学的产品力分析方法非常重要，只有这样才能了解消费者对我们产品的真正体验，才能清楚认识到我们的产品具有哪些优势，并在与消费者及客户的沟通中好好应用。在新产品开发上，要严格按照新品流程的要求来进行，只有能给消费者及客户带来良好体验的产品、在口味或功能上具有一定竞争优势的产品才能推向市场。

第三，通过技术创新来提升产品力。中粮要着眼未来，提升研发创新能力，实现技术突破。没有技术上的突破，我们的产品就难以领先，今天中茶提到的茶叶高温烘焙技术就是茶叶产品力的一个有益探索。

第四，设立首席产品官，培养超级单品。经营单位要考虑设立首席产品官，将产品管理的专业能力建设起来，真正把产品本身做好、做细、做透。要建立打造超级单品的机制，一方面要集中资源来培育超级单品，另一方面公司各项工作都要以打造超级单品作为出发点，用打造超级单品的需求倒推各环节的工作该怎么做，以便形成合力。再者，要设计相应的奖励机制，而且要从概念形成，到研发、到投产、到销售，覆盖超级单品诞生的全过程。最后，打造超级单品得有严密的方案，需要我们的团队有稳定的心态，不能急于求成。

大家要清楚地意识到产品力的提升是值得我们集中精力及资源来做好的基础工作，即使成本高也要做。如果今天不做，以后连做的机会都没有了。相信中粮团队能从消费者及客户角度出发，充分利用这次产品力提升的机会，认真分析，找出问题，通过打造好产品、明星产品、超级单品，做大做强我们的业务。

（2013年8月）

> 周围的世界变了这么多，海岸变了，大楼变了，人变了，空气里的味道都变了，每天的这一声鸣炮能让我们引起警觉吗，能让我们看见未来的世界吗？真的不知道。

铜锣湾

香港的铜锣湾人总是熙熙攘攘的，这么多年看起来好像经久不衰，其实仔细看，内容变了很多，如果不是这内里主动的变化，可能也不会保持今日的繁荣。这个地方为什么能做到这样，真不是三言两语就说得清楚。

十多年前这里是日资百货的领地，三越、大丸、高岛屋、松坂屋，可谓日资百货大集合，今天这些日资百货都关门了，剩下还有一家崇光也让香港人买了。日资百货为什么都回家了？不知道。他们怎么了？不知道。就像当时香港有很多日本银行，现在少见了，甚至日本的车、日本的电器也少了。日本怎么了？不知道。不过日本餐馆没少，为什么日本餐馆没少？不知道。

十多年前铜锣湾还有几家卖中国国货的公司，现在也没有了，当时香港还有一些老人家专买中国货，有些已经很有钱的人搭电车到国货公司买东西，现在已没有了。国货公司的楼里开了银行和卡拉OK。为什么没有那么多人买国货了？不知道。

现在铜锣湾买东西的人以内地人居多，内地人来买东西看样子不仅是自己用，还要带回去卖，可以看到商店门口有很大的编织袋用来装从商店里买出来的东西。从一个零售商店买的东西怎么带回到另一个地方再卖给别人？这种C2C（消费者到消费者）的商业模式怎么能赚钱？真的不知道，搞不懂。

过去有些香港人的品牌在铜锣湾也看不到了，像鳄鱼恤、佐丹奴。看到了新品牌，占的面积大，样子很宏大，像Forever21、Apple等。这是怎么了？不知道。

铜锣湾最引人注目的变化莫过于新开的希慎广场，希慎广场里最引人注目的又莫过于诚品书店。这家书店占了几层楼，在香港的其他书店都搬离商业区甚至关门的时候，诚品书店的开业可谓是个宣言，是个文化的宣言，这个宣言表现出它在商业上的大胆，不过我估计它难以盈利。其实整个的希慎广场都想传达一个新的观念、一个新的生活方式和追求的理想，估计是业主自己想表达的态度，因为这里没有大家看惯了的国际大品牌，这一定是业主在经历了繁华后的心景。可是，看来到铜锣湾来的购物者并不买账，这个清新雅致、舒服的希慎广场里人并不多，看来外面的人的注意力、兴奋点、追求不在这里。铜锣湾到底应该是个什么样的地方，为什么，真不清楚。现在人们喜欢啥？不知道。

铜锣湾海旁到了中午12点还能听到一声炮响，那是怡和公司每天的报时鸣炮，算来每天的这声炮响也持续了上百年，是铜锣湾不断变化中不变的老传统了。

周围的世界变了这么多，海岸变了，大楼变了，人变了，空气里的味道都变了，每天的这一声鸣炮能让我们引起警觉吗，能让我们看见未来的世界吗？真的不知道。

（2013年12月）

> 客户在哪里，渠道就在哪里，产品就在哪里。

用专业的态度做正确的事情

我们要坚持做正确的事情，不仅坚持，还要专业，要明确企业规模和发展规划，深刻理解业务，不局限于眼前利益，打造好产品、好渠道、好价格、好品牌、好客户。为什么中粮要支持亏损的业务？只要这个业务有清晰的目标和战略、有专业的做法、有成长价值，在做正确的事，我们就会给它成长的时间。

什么是正确的事情？什么是错误的事情？因为产品销量不好而偷工减料，因为争夺市场份额而大减价，销量增长了，市场份额提高了，但是没有盈利，品牌形象毁了，这就是错误的事情。用短期目标代替长远目标，用眼前利益危害长远利益，这就是错误的事情。

如何做正确的事情？我们必须分析竞争对手，找到问题，制定发展战略，明确产品定位，生产好产品，做好价格策略，同时控制成本，做好销售，循序渐进地增加市场份额，达到一定的规模后实现盈利。

要做好产品，找准产品定位，搞清楚品类和结构，提高产品质量。我们的产品常常丧失原则，越卖越便宜，就是因为没有明确定位和品牌诉求。

要打造畅通高效的渠道。产品销售有科学规律和基本规则，不能急功近利。要赢得市场，必须知道市场需求；要渠道畅通，必须得到消费者的认同。客户在哪里，渠道就在哪里，产品就在哪里。不管价格的调整还是品牌推广，如果没有消费者真正接受的好产品，没有畅通的渠道，终究解决不了根本问题。

要有效控制成本。必须在做好产品的基础上，降低成本，控制销售费用，提升价格，才能有利润。不管用什么组织架构、销售形式，必须做到这一点。

要坚持营养健康的理念。中粮希望成为一个健康食品公司，提升中国人的健康水平和生活品质，我们要坚持这个正确的方向，踏踏实实做好产品，注重研发，不损害消费者的健康，同时改进产品的口味，坚持下去，我们一定能成为大品牌。

我们应该做正确的事情，用专业的态度去做、用专业的人去做、用持久的心态去做，坚持不懈地去做，市场一定会给我们奖励。

（2013年12月）

> 什么叫中粮精选？就是用心选择，承担责任。

做好产品

我们所有的努力、所有的设备、所有的财务、所有的品牌、所有的组织，就是为了保证一个产品用最好的形态呈现给消费者。消费者感受到的就是产品。对任何一个消费者来讲，产品安全是最基本的，在这个基础之上还要兼顾口味、营养、价格、服务。所以对中粮集团来说，不管是生产安全、节能减排，还是质量安全，最终都要有一个好产品。

现在向我提到我买网的人，都把中粮的信誉作为选择的第一个基本条件。所以，中粮集团过手的任何一个产品必须保证质量，不仅是我们生产的，还包括我们采购以后再卖的。什么叫中粮精选？就是用心选择，承担责任。

所以，今天我们讲食品安全，就不单是质量检验问题，而是我们整个产业链的管理、国际产业链的管理。现在高层次的产品国际原料比较多，从第一个采购供应链开始，物流过程、检验过程、销售过程、服务过程，所有环节都必须对。我们必须做到什么程度呢？就是如果中粮集团有一个产品真出问题了，我们都会得到消费者谅解，这就是我们的境界、我们的追求。中粮集团任何人都不能保证某个产品在某个环节不出问题，但是我们整个企业的管理、企业的责任感、社会的认可、企业的文化加在一起，能够获得消费者的信任。即使我们一个产品出问题了，消费者也会认为是偶然的、无意的，企业会把它改造好、会负责任的。我们现在处在中间层次，消费者的信任是存在的，但还没有达到出了问题能够获得充分理解与信任的程度。现在我们做不到这个境界，但我们最终一定要从品牌到产品、到整个服务、到公司形象，都努力变成消费者真正从心底信任的公司。

从我们自身来讲，必须要持续长期地努力，建立内部管理系统、品牌系统、质监系统，最终使我们的企业立于不败之地。一旦遇到问题，不去躲避，也不掩盖，很快把它整改掉，最终消费者就会信任我们。

大家都知道褚时健，七十几岁了开始创业种橙子，头五年卖橙子不好吃卖不出去。后来褚时健发现土壤不行，水也不行，于是就不断去科技站、园艺站，看沟渠怎么弄的，看土壤怎么松的，看肥料怎么用的，一直在研究，最终还是培育出了好的产品。所以，我们必须做好产品，以安全为基础，还要兼顾有好口味、好价格、好营养。没有好产品，中粮所有的战略、所有的荣誉、所有的布局都没用。

质量、安全、环保是中粮集团生存发展的基本。

（2015 年 2 月）

> 企业的发展，有一些共性的力量。一种是硬件的力量，是硬实力；一种是软件的力量，是软实力。

企业发展的力量

企业的发展，有一些共性的力量。

一种是硬件的力量，是硬实力。中粮过去下的功夫比较大，资产增长很快，包括资金，包括实物，比如港口、码头、铁路、船、仓库、工厂、养殖场等。中粮的硬实力在中国的粮食企业里比较强，这是我们今天发展的硬件基础，别人很难迅速形成这样的规模或者超越。但是，这个硬件的力量，用得好是非常强的资产，用不好就是负担，十几万人、几千亿资产，都要去运营。

一种是软件的力量，是软实力。中粮虽然有硬件，但是还必须要有软实力才能发挥硬件的作用。软实力讲的是文化的力量，一个国家的软实力包括文学、艺术、运动、音乐、教育水平，一个企业的软实力，包括经营能力、商情研判能力、风险控制能力、信息把控能力、企业组织和文化等。

过去多年来中粮积累的资产，多数不是我们自己新建的，我们的硬件本身不是用一张图、一个思路规划出来的，肯定不是很匹配。我们怎么经营，才能把这些硬件力量真正地吸收利用，用业务联系起来，用风险控制能力控制起来，用团队管理起来？如果中粮能建立起成熟的经营模式，将硬件软件、风险控制、团队文化都组织在一起，就能形成很强的竞争能力。

过去，中粮一路往前走，一直处于高歌猛进的发展状态。但是，今天要再建一个北良港出来不可能了，没那个地方，成本也太高。今天的中粮，要继续发展，必须转换思路，不找借口，增强市场思维，参与市场竞争，真正地提高经营能力、提高效率。中粮必须借助目前有的硬件基础和政策力量，尽快建立系统的市场能力，发展市场化的业务，最终成为市场化的公司，形成市场化的力量。

（2015年4月）

> 褚时健的故事，悲情波折、坚毅再生是一部分，方法路径、认真做好产品是另一部分。这第二部分往往被人忽视了，而这一部分往往是急于成功、急于赚钱的中国企业家所缺的。

产品官

我没见过褚老先生，但我熟知他的故事。褚时健过去管企业和现在的成功，不仅仅是因为毅力、勇气和吃苦耐劳，很大程度上是因为方法和路径。这个方法和路径就是他非常清楚，要做好企业，必须做出好产品，必须集中资源先把产品做好，然后再谈营销、再谈品牌、再谈赚钱。王石说褚时健是精算师，黄铁鹰把褚时健描绘成园艺师，我认为他更像首席产品官。

记得褚老先生在红塔山时就抓种烟叶，否则怎么可能有当时红塔山香烟的红火？今天种橙子，还是老道理，还管用。所以，褚时健的故事，悲情波折、坚毅再生是一部分，方法路径、认真做好产品是另一部分。这第二部分往往被人忽视了，而这一部分往往是急于成功、急于赚钱的中国企业家所缺的。

如果说，中国现在最好的冰糖橙是由一位85岁的老人种出来的，那其他种水果、种橙子的人怎么想？现在市场上的水果外表和实际口味已大大分离，我们有很好看却没有味道的苹果、桃子、西红柿、草莓……

有人说，这是因为浇了过多的水，用了过多的肥。可是褚橙也浇水，也用肥，只是用法不同，褚时健把水和肥都做了研究，把事情做认真了、做实了。

现在，我们有多少事在名义上、在大面上是差不多了，可实际上没有做到？记得多年前，华润在大连买了个啤酒厂，它的啤酒品牌叫"大尼根"，我问为什么叫"大尼根"，他们说因为喜力啤酒的名字叫"海尼根"（Heineken），我们的名字就叫"大尼根"，就是大连的"海尼根"。名字是学了，可其他没跟上，后来酒卖不动了，这个名字也就消失了。

也有人说，现在水果不甜不酸、没味道是因为追求产量，可褚橙也追求产量，而且产量比一般的同行还要高，为什么？褚时健用的是不同的方法，不仅浇水施肥不同，剪枝、间伐也与传统做法不同，而且还不断地对比试验。

褚时健没种过橙子，没有框框。不仅如此，他还有方法，有科学探索的方法。我们有时见到一些大科学家，总想在他们的言谈中发现他们的天才之处，可后来才意识到，他们对世界探索的成功是因为他们坚持不懈地使用科学方法。

也有人怪水果质量不好是因为种植户分散无法管理。的确，农业种植养殖中的所有"公司＋农户"的模式都面临这样的挑战。组织大了，又是相对松散性质的，利益不完全一致，有人不守纪律，有人不守诚信，当然更有人不守科学。因为科学种植要增加成本，收益最后能有多少还不知道。在这种情况下想种出同样质量的好橙子，是对管理和商业模式的挑战。

现在，农业种植者和养殖者面临的一大矛盾就是生产者和销售者利益不一致，种植者希望增加产量，降低成本，利益最大化；销售者希望低价买进卖相好的货。如果厨师对吃饭的人没有责任，矛盾必定没完没了。

发达国家的农业合作社对农业产业一体化的发展起了很重要的作用，比如欧洲奶业合作社、肉类合作社，澳大利亚糖业合作社、小麦合作社都很好地解决了农民分散、科技水平低、对市场变化反应慢的问题。农业工业化了，管理数字化了，散漫的种植变得科学了。虽然褚橙目前规模还不太大，但其管理模式有发展成大集团的机制基础。

人类发展到今天，企业的组织形式是人类与自然界物质交换的基本形式，几乎所有人生活福祉的提升，都是通过各种形式的企业来实现的。多年以来，企业的组织管理变得越来越复杂，因为规模大了，因为跨国了，因为目标多了，企业往往在发展过程中迷失了它初始的方向，忘了自己存在的理由就是用最高的效率做最好的产品。成功企业所有努力的结果都是好产品，产品是企业与外界沟通的唯一通道，否则营销品牌干什么？上市融资干什么？兼并重组干什么？激励团队干什么？每天开会干什么？褚时健从一开始就执着地做好产品，否则没有褚橙的今天。好产品会说话，好产品自己会走路。

农业是一个让人又爱又恨的行业。爱它是因为农业是个道德定位很高的行业，是人类生存和获取能量的起点，是一个国家安全的基本要素，因此所有国家对农业都极其重视。可农业也是个很让人纠结的行业，因为它涉及人们每天入口的东西，所以在价格上、在进出口上、在产业标准和政策上都受到不同国家政策的影响。也正因为如此，在农业种植中找到一个盈利好的模式不容易。

农业一直被认为是传统产业，农民被认为是接受教育和知识水平较低的人。但在我接触农业的这十几年里，我了解的事实是，农业是一个高技术和研发驱动的行业，无论是种植业的育种、养殖业的配种，还是土、饲料、疾病控制、作物营养、水利灌溉、农业装备研发，科学技术才是农业进步的主要原因。褚橙就是个好例子。

（2015年5月）

> 我们的竞争不是公司对公司的竞争，而是项目对项目、产品对产品的竞争……

中国金茂

我在中粮时就知道中化地产做得很好。中国金茂内部有着科学的管理系统，目标性更强，分级分类、目标考核、评价等工作都做得很深入，具备坚实的发展基础，由此也带来了对中化集团的整体贡献。

中国金茂连续三年利润贡献在中化集团排名第一，这对集团是非常重要的，如果没有地产，集团的经营业绩可能更加严峻。在中化集团，地产是非常重要的业务，这也是金茂团队过去几年自身努力的结果。过去几年，整个中化集团可能并没有对地产业务的发展加以特别的关照，但很多事往往如此，费了百分之八十的精力去做的事可能收效甚微，而平时不关注的业务却异军突起。

如果把中化集团变成一个相对有限多元化的资本运营公司的话，地产业务总资产超过1000亿元，销售额超过300亿元，利润总额超过40亿元，在集团整个资本运营组合中已经成为最重要的组成部分，其重要性怎么强调都不为过。我认为中国金茂的未来发展仍有巨大潜力。金茂团队本身就有良好的潜力，执行力强、做事要求高、市场意识强，求新、求变、求发展的欲望非常强。中化集团未来会更多、更坚决地支持中国金茂的发展和体制机制改革。如今中国金茂已进入了一个自我融资、自我发展的良性循环，这种良好的发展势头应继续巩固和加强。

中国金茂未来的发展，我认为定位需更加清晰。业务过度横向延展，必然会引发问题。业务很多，但每个都很小，慢慢地就会影响企业发展。

我们的竞争，不是公司对公司的竞争，而是项目对项目、产品对产品的竞争，这要求我们必须做到定位好、产品好、专业化程度强。例如在零售行业，百货公司无法打败"品类杀手"。起初日本的百货企业进入中国市场，所有店都是自己经营，服务员也都是自己的。后来逐步转变，位置好的店面、临街的店面逐步租给了品牌做专卖店，但中间销售衣服和一般日用品的区域仍保留自主经营。一年后发现，业绩最差的就是自营的中间区域，因为产品竞争力较弱，相比之下旁边的专卖店都是有品牌、有模式、有品类的。这与华润的超市经营策略异曲同工，只有最核心的生鲜业务自营，其他业务全部外包。华润超市化身为组织者，把商家组织起来。如果全部自营，不可能将每一项都做好。

我认为目前金茂的产品做得不错，从定位上来讲，我们必须要有自己的核心产品。金茂提出的城市运营商可能是一个很好的创新型地产商业模式，可以逐步探索。只要团队自身有不断学习、不断修正、不断探索的精神，我认为未来的中国金茂会越来越专业、越来越精细。

（2016年2月）

> 网上可以看电影，但电影院本身已经成为一种社交场所，一种烘托情感、营造氛围、带来愉悦的场所。

消费体验的本质是创造愉悦

商业地产重在创新

金茂商业要在目前的市场环境中实现发展，就必须进行创新，而且创新必须是突破性的，不仅仅是把楼改一下颜色，或者搞一些活动。关键在于这种创新能不能推动金茂商业升级，能不能以革命性、令人眼前一亮的姿态出现在市场竞争之中。如今的商业地产竞争已不再是传统地产商之间的竞争，还包括与电商的竞争、国内外的竞争，是一种全方位的竞争。

两周前中国金茂邀请我为新的金茂商业综合体命名，我借此机会谈一下我对金茂商业的期许。实际上搞商业在今天的中国很难成功。国外商业经历了从一般百货公司，到购物中心，再到分类购物中心的转变历程。而中国商业尚未发展到成熟的阶段，却突然出现了电商，打乱了原有的发展节奏。

目前的商业内涵其实已经远远超出了购物，是一种新的生活方式、交际方式、体验方式，商业地产是为消费者提供社交的一种场所。商场中纯粹的购物业态比例在不断降低，体验式的消费业态在不断增加。诚然中国人不可能没有商业，但如果现在继续做普通的传统商业，将难以对消费者产生足够吸引力，必须升级。商场将不再仅仅是购物的场所，商场本身就是一个产品，就如同一种饮料、一件衣服一样。可以预见，目前国内大批正在开发中的、创新性不强的商业地产，未来将很难出租，销售额将会很低。

中国金茂身处当下的市场竞争环境，商业地产项目体量也较大，更要有所提升。这种提升一定是把更有现代化体验色彩的、更代表新兴生活方式的、更代表人际交往的内容包含在内。尽管听起来比较抽象，但完全可以将其做到具体的业态之中。

造化钟神秀，阴阳割昏晓

金茂商业的新名称听起来要硬气，要不一样，要漂亮，要秀丽，还要神奇。我昨天想到一句诗：造化钟神秀，阴阳割昏晓。我将整首诗写了一遍，当写到最后一句"会当凌绝顶，一览众山小"时想到了"览秀"一名，英文名是"Mall of splendor"。这个名字将神奇、创造和人的浏览、欣赏融合在了一起。名字并不重要，有可能五年以后就被世人忘记，也有可能你我仍还记得。

渣打银行的名字非常有趣，渣子的渣、打架的打，听起来不太美，但渣打银行生命力很强，已有200年的发展历史。对我们而言，名字同样不重要，但是"览秀"这个名字会饶有趣味，是用一览众山小的眼光来看风景秀丽的万千世界。电影《巴黎圣母院》里的卡西莫多很丑，但他有一句台词：生命太灿烂了，太多彩了。这里的灿烂和"览秀"在英文里的用词是非常吻合的。

消费体验的本质是创造愉悦

可能我的年龄稍长，对电商的理解不是那么深，体验也不是那么多。我觉得电商的力量不可忽视、对实体商业的冲击不容低估，但也并不是绝对的。如果是大宗消费，不需要精挑细选，也不需要细致服务，只追求价格便宜、物流快捷，那么电商是完全可以替代线下消费的。比如在网上买一箱矿泉水，因为这几乎没有购物的愉悦。但反过来讲，假设是买一双很漂亮的鞋，看不见、摸不着在网上买，那么通过消费体验来创造愉悦的本质可能就不复存在。

更进一步看，从广义的商业角度来说，消费者无法做到在网上吃碗面——即便是外卖，在家里吃味道也会与在店里吃不一样。网上可以看电影，但电影院本身已经成为一种社交场所，一种烘托情感、营造氛围、带来愉悦的场所。所谓扩大消费型、娱乐型、体验型的商业，就是消费者进行了消费，但没有带走任何实物。商业地产的业态比例，纯粹的购物过去占60%，现在缩小到40%，未来可能仍会进一步降低。并且就购物本身而言，丰富的体验也将越来越多，这将是一个不断发展的过程。

（2016年5月）

> 要树立一个信念，就是一定要做行业的标杆。

创新发展青年担当

企业的本质是创造

企业这种组织形式就是用来创造的，而不是用来做重复性劳动和守摊子的。在中化这样的大企业里，有没有"创造"这种元素？有没有人敢于站出来创造新的东西？如果有了这种勇于创造的文化，企业就会经久不息。

总的来说，中化这些年在创新上做得不错。如果这些创客项目能够实现，哪怕每年能够实现一个，都会为企业带来很大的收益。我很欣赏、佩服这种创造力。我来到中化四个多月，还没有在任何一个活动上说过欣赏、佩服这种话。

这些创客项目如果真要推进落实，还需要把方案进一步细化。比如，"植物幼儿园"项目很好，给女朋友送自己种的花，这个很能打动人，但关键是它的商业模式是否适合推广、能不能扩大。因此，要在落实方面抠得更细，这需要投入资源和开展调研。可能的话，还是要做研发，创造出新产品，而不是简单地集成现有的资源。十年前，我当过"赢在中国"节目的评委，有好几个企业家都是从那个节目出来的。比如现在的百合网，当时项目创始人就是想通过网络来找女朋友，结果成功创造出了一个很好的新模式。

作为集团来讲，对创客项目的最大支持，就是把项目搞成真的，制定商业计划书，让创始员工持股，吸引人来投资。而且，最好能与公司的业务联系起来，不要在主营业务之外另搞一套。我们可以建立一个基金，投入一两亿资金试一试。

当年，作为"赢在中国"节目的评委，节目组是要求带钱来的，看中的项目就可以投资。如果项目的可操作性强一些，就会有人来抢着投资。股权分配基本是按照2∶2∶1的比例，给创业者留40%，投资方占40%，中央电视台再出20%。下次再举办"青年创客大赛"活动，可以真正评估一下，合适的就给予投资，让中化员工的聪明才智得以充分发挥。

青年人要有闯劲

总的来看，中化的产品和服务在科技含量上还有欠缺，像化肥、种子、农药这些业务，仅仅在国内，就有好几家企业比我们做得好，它们在科技投入、产品科技含量和发展态势上都比中化强。

化肥业务做得比较多的是大宗商品贸易，比如进口钾肥，为复合肥工厂提供原料。农药业务也是给国外的农药厂提供原料。种子这块，也没有到每年都有新品种研发出来的程度，目前还要拿别人的种子来育种销售。改变这种现状需要依靠青年人。

中化能否成为一家有科技含量的公司？和国内同类企业相比，能不能做得更好？我看没有五年、十年，还是很难的。所以，我们要脚踏实地去搞研发，不要怕短期亏损，眼光要放长远，做长线，否则企业永远没有骨架。

就拿化肥业务来讲，我们马上要进行战略研讨，研究下一步该怎么做。如果不去创新，不在技术提升上进行投入，路只会越走越窄。很多产业都是如此，这与整个国家层面的经济转型也有关系。我们过去都是生产单一产品去销售，满足用户基本需求就行，规模越做越大，也因此错过了提升的最佳时机，结果就会被同行超越。

年轻人，应该更有闯劲。在市场上，我们要实事求是地去研究对手、同行是怎么做的。不能在竞争很激烈的时候，光看到对方哪里有问题，认为不可持续，结果人家越做越大。从我们自身来讲，既不要妄自菲薄，更不要轻敌而故步自封。要树立一个信念，就是一定要做行业的标杆。

我们看新闻联播，在天气预报时段的广告就有好几个化肥公司，年利润能达到五个亿、八个亿，它们各有各的高招。如果五年前、十年前，我们能有个清晰的定位、清晰的技术提升路线，做一个清晰的品牌和产品，坚定地发展下去，到现在肯定会完全不一样。只是因为当时我们在做贸易，赚钱了，创新就慢、缺乏动力。

用创新提升企业竞争力

中化是一家很好的公司，具有非常好的发展基础。在创新方面，现在大部分是在现有产品基础上的创新，不是革命性的。这不是最好的创新。今后，我们要更加注重做研发，去创造新产品。

以加油站为例，它与能源、汽车等行业紧密联系，还可以与销售相捆绑。美国一家超市就是靠加油站做到了全国第二。我以前在中粮也做过，让中粮产品进加油站。过去国内只有中石油、中石化和中海油三家。中化进口原油，只能卖给中石化，因为中石化有炼厂和加油站。就算现在中化有了自己的炼厂，但加油站还是比较少，自己炼的油，大部分还是要卖给中石化。现在有个新变化，从去年开始，民营的地炼厂放开了，仅在山东就有四五十家地炼厂，同时地炼厂附属的加油站也多了。目前来看，从原油进口，到炼化，再到加油站，面临一个行业整合的问题。

在这种情况下，只要能够整合加油站，数量不用多，比如2000个，由中化长期供应油品，就能够为中化能源业务创造更好的市场前景。现在收购一个加油站少说也要几千万元，成本很高，效益难以预计。咱们能不能用互联网的方式把加油站整合起来，形成自己的销售服务网络？只有这样，才有能力改变整个产业的现状。而这本身也将是一个非常好的创造。

（2016年5月）

> 有了最好的"人",就要把最好的"人"放在有利创新的环
> 境下,这样就一定能出成果。

中国种子

我们的梦想是培育真正具有国际竞争力的中国种子

种子重要不重要,实际上是一个无需讨论的问题,而需要讨论的关键问题是,我们所有在这个领域里的专家和从业者,应该如何面对国际竞争,如何推动中国种子的发展。

以大豆为例,我国去年进口大豆 8368 万吨,国内生产仅有 1000 多万吨,而 20 年前我国大豆是出口的,在我刚到中粮时大豆的产量还有 3000 多万吨。为什么会出现这种情况?原因是进口太多。为什么要进口?是由于进口的大豆又便宜又好,最根本的原因就是大豆种子的高油、高蛋白、产量高。现在国家给一吨大豆补贴 800～1000 元钱,都难以提升老百姓种大豆的积极性。我到中粮以后,国家连续七年发文要振兴大豆,但谈何容易。这就是国外高科技含量的种子给我们带来的冲击,目前玉米也面临类似的挑战。所以,种子太重要了!大家必须清醒地认识到差距,尽早培育出具有国际竞争力的中国种子。

科技中心研发要面向市场、满足需求、力争第一,要有紧迫感、危机感和责任感

2008 年金融危机爆发的同时,全球也爆发了粮食危机。当年 FAO

（联合国粮食及农业组织）发布数据，全球的粮食安全储存量到了 15% 以下，粮价也随即达到历史高峰。于是，各国开始采取措施，2008 年以后粮食产量逐年增加。单纯粮食增产并不太难，那么，难在什么地方呢？满足综合需求比较难。比如某个品种的玉米种子，它的特点就是高产、高淀粉，但是很容易霉变，霉变后就不能用作饲料，只能生产乙醇。张启发院士提到的"绿色"是一个很广的概念，我认为从研发方向来看，"绿色"概念应是更加适合产业升级需要、更加适合消费需要。对于中化集团而言，就是要必须面对产业升级、消费升级来开展研发。

科技中心（中国种子生命科学技术中心——编者注）从奠基开始，大家就下了很大的决心，通过艰苦奋斗，才有了目前这么好的基础，管理方面也井井有条。在试验田里，看到了两代人在辛勤工作，我也很受感动。然而归根到底，我们是一家企业，要通过研发成果创造效益，如果别人做过的事情我们重复再做，就会一直落后。所以，科技中心不能满足于一般性的研究，要在种子研发方面力争第一，要切实提高我们在全国研发机构中的排名。我们的研发过程要按企业的方式来进行管理，走到哪一步应该有什么成果，这个成果要怎么商业化，我觉得必须每天把这个事情装在心里。虽然说创新需要环境、需要时间，但作为企业的研发必须要尽早产出并经受市场检验，因此需要大家提升紧迫感、危机感和责任感。同时，中种公司（中国种子集团有限公司——编者注）自身也要发展好，否则也就无力支持科技中心。

充分调动科技人员的积极性，种肥药协同为农业、农民做出贡献

不管是从国家政策导向，还是中化集团自身发展需求，又或是种子行业特点，都需要调动全体专家和研究人员的积极性。科技中心目前集聚了一大批能力强、有经验、有理想的研发人员，这是非常宝贵的资源。有了最好的"人"，就要把最好的"人"放在有利创

新的环境下，这样就一定能出成果。

体制机制的改革，包括重新设计优化激励机制以及科研人员对未来产出的分享等，我认为可以用非常创新的方式。科研的每一步成功都应该有分享机制，小成功有小分享、大成功有大分享，让科研人员的利益与公司未来发展密切联系。同时，要为他们在这里的发展创建一个好的环境，无论是中化集团还是中种公司，都要继续支持、继续投入、继续提供好的环境，让他们在总体研发规划之下不断进步、不断产出成果。

种子业务也要积极参与到中化大农业的建设与改革中去。中化农业板块有化肥、有农药，更有种子，实际上这些都是农业服务的载体，需要我们真正为农民着想，以最小的投入、最优的搭配实现最大的产出，满足种植者需求。农业服务的大概念，是非常值得推广的，因为目前科技进步带来的增产比例还不高、还不够。将化肥、农药、种子连在一起，是中化拓展产业布局的需要，也是中化真正为农民服务的体现。种子科技的发展，对于整个中化集团的发展至关重要，下决心不容易、开头不容易，坚持下来更不容易。我们一定要不断产出阶段性的创新成果，最终发展成为对中国农业、农民有贡献的种子公司。

（2016 年 8 月）

> 无论油价高低、市场好坏，只要有我们这个团队、有我们这个公司，未来就一定会有好的发展。

打好翻身仗

卸掉资产上、财务上、心理上的包袱

EMERALD 公司在哥伦比亚开展的业务具有很强的探索性。任何国际化战略走出第一步都是非常艰难的，我们能够坚持下来很不容易。大家应该树立信心、多想办法，让哥伦比亚项目作为中化国际化战略执行的一个点，继续执行下去。

我们应该把原有的包袱进行清理，把资产上、财务上甚至心理上的包袱都卸掉。之前哥伦比亚项目给我留下的印象是问题比较多，资产方面稠油居多、开采成本较高，在目前油价下很难再搞下去。现场调研后我认为问题没有想象中严重，但形势也的确比较严峻。下一步我们要通过清产核资解决历史包袱。

在这个基础上，EMERALD 公司可以考虑未来的发展思路，努力降低运行成本，按照新的资产基础、新的开采成本和新的投资方式来开发油田。如果能够得到实质意义上的提升，加上市场再好一点，就可能会取得比较好的效果。另外，新的勘探区块可能也是我们翻身的一个机会。

中国企业走出去搞石油勘探开发，从长期来讲是一个大趋势。中化由于过去基础比较薄弱，遇到一些问题可以理解。我们的团队在这里坚持了很长时间，现在也积累了一些经验，要积极想办法来处理遇到的问题，从做好一两个比较好的区块开始，以此成为项目公司新的起点。

无论油价高低、市场好坏，好的团队总能看到未来

对中化巴西石油有限公司而言，首先要把资产账面价值调整过来，从做新业务的角度看待这些资产，否则将一直亏损。那么处理到什么程度呢？应该处理到当前的市场价值和成本水平之上，重新开始，再往下走，减轻经营压力。与此同时，大家也一直在努力实施降本增效，并且从行业对比看我们做得并不差，这些都是企业未来能够走出低谷的重要保证。

上游业务有其自身特点。从中化本身来说，过去基础比较薄弱，走到今天团队很专注、有耐心，通过不断摸索和学习取得了显著的进步、积累了丰富的经验，为下一步的调整和发展打下了良好基础。正如巴西公司外籍员工 Regina 所言，无论油价高低、市场好坏，只要有我们这个团队、有我们这个公司，未来就一定会有好的发展。从集团层面，我们一定会积极支持勘探开发业务的发展和调整，逐步形成上中下游均衡、协调、可持续的发展局面，这与中化的商业模式也十分吻合。

（2016 年 11 月）

> 要真正使创新成为荣耀、创新者成为英雄，失败了没关系、拍拍肩膀继续干，这才是我们想要的创新环境。

创新三角

很多的事物、现象，你在讲它的重要因素的时候，找到前三个最主要的因素是非常关键的，形成一个三角关系。这种三角关系存在于很多行业之中。例如石油，阿布扎比国家石油公司首席执行官最近到中化拜访，他说过去我们只搞石油上游，现在也搞加工和营销。我第一感觉这就是一种石油行业的三角关系。又如地产，前几天我带着金茂与中粮、华润的团队见面，大家讲到合作，怎么合作呢？第一是土地，第二是资金，第三是人或者市场，这是三个大的要素，是几个资源型的东西，也是地产行业的三角关系，抓住了它们就抓住了地产行业的根本。再如快消品，当时中粮提了三个环节或者要素：产品、品牌、渠道。之后中粮一直在研究这个三角关系。第一是做产品，创新、研发、生产最终都要落脚到产品上。第二是做品牌，消费品品牌非常重要，认知度、美誉度、忠诚度都需要培育。第三是做渠道，在中国非常重要，从大区的经理、经销商，一直到零售点，怎么来组织、管理，包括利润分割等。做快消品就是做这三件事，如果把这三件事做好了，就形成了稳定的格局。

就创新而言，中化的"创新三角"也主要包括三个东西。一是创新的主体，谁来创新、创新的责任、创新的团队在哪等。二是创新的方式，怎么来创新。三是创新的文化，能不能容错、有没有激励等，可以叫一种文化或者制度。

把创新的主体、方式、文化这三个方面结合到一起去思考，将其形成一种思维方式和架构性的思考逻辑，可能就会逐步解决创新的问题。所以创新不是某一个人的事情，也不是单独几个人的工作。假设中化集团突然买了一个规模很大、有科技含量的公司，但是那是你的吗？你能维持得住吗？这样的公司能便宜卖给你吗？你能管好吗？或许你这个组织除了有点钱以外，没有任何其他优势，怎么能从别人那里买过来后比别人做得更好？往往是别人已经达到巅峰，觉得再往下做比较难了才会甩给你，哪有好公司在发展阶段卖给你的？西方发达国家的成熟企业对什么东西值什么钱、什么东西怎么发展非常清楚，他们经历了几代人的探索。我们在20世纪70年代末才开始搞改革开放，到现在三四十年时间，一代人的路还没走完，没有丰富经验来认识一个事物、一种商业模式的发展规律和起起伏伏，很难判断好坏。

因此，中化集团真要形成一种创新的文化、创新的发展局面，可能还要再经历5～10年。但如果我们今天不做，那什么时候做？最起码现在我们必须开始琢磨这件事，虽然不一定周全，但是要有这种意识来进行推动。

要真正使创新成为荣耀、创新者成为英雄，失败了没关系、拍拍肩膀继续干，这才是我们想要的创新环境。要放眼长远，把创新放在5年乃至更长的长周期、大环境之下，从总体上看一项创新的投入产出比。

（2017年5月）

> 真正做创新，需要企业拿出时间与投入，这可能需要几年的时间，在技术上有突破，创造出新的价值。

创新，不能总是一声叹息

今天，我非常高兴来参加2017全球创新者大会。本次会议的题目为"创新与中国经济"，这是一个非常好的题目，也是一个非常中肯的题目。今天大家都在谈创新，国家如此，企业也是如此。过去几年，我们的企业见面总是要问拿地了没，拿了什么资源，拿了煤矿还是铁矿，上市了没有，拿到批文了没有，而现在见面则是谈创新谈得比较多。

中国经济和企业迫切需要创新升级

中国经济发展到现在的程度，很多被认为发展成熟的行业，实质上仍然缺少核心技术。我国的炼油能力在全球排第二，石油消费量也排第二，在全球石油化工行业内来说，中国算是增长比较快的国家。但是大片大片以平方千米来计算占地面积的炼化厂，其很多核心工艺、技术线路及核心设备是国内做不了的。我们邀请别人来参观，然后非常自豪地介绍说，这套设备是从德国或法国引进的。很多炼化厂可以进行一般性的物理化学反应，比如汽柴油分离、比如乙烯，但再延伸产业链就很难用自己的技术搞定。目前，高端的材料、设备，尤其是食品级、医药级的高性能材料，70%还靠进口。

所以，从这个角度来说，创新、进步太重要了。就像本次大会的题目是"创新与中国经济"，创新对国内经济的贡献越来越大，创新代表了中国发展的基本需求。习近平总书记提出的五大发展理念，第一个就是创新，改变供给侧的结构性问题。

中国是制造业大国，但我们的产品与世界先进水平相比还有一定的差距。我们用的好的磨面机是德国产的，稻谷脱粒机也是进口的；我们能把手机做得很便宜，但是手机的芯片不是国产的；我们的大楼造得很好，但投资超过10亿元的大楼80%是由国外公司设计的；投行、会计师事务所、咨询公司，一大半都是用国外的。中国的制造业要升级，必须要做好这些需要动脑子的、有创新力的、控制产业链核心领域的技术。所以，我们必须面对现实，承认现实，这是创新的开始。引进是创新，模仿是创新，应用也是创新，但创新的核心还是技术的创新、产品的创新以及我们自身创新的动力。

创新难就难在创新主体模糊、创新方式不够、创新文化欠缺

创新一词被频繁提及，如何进行创新，其实是件很难的事情。特别是把公司变成一个创新驱动的，而不是资源驱动，不是扩张驱动，不是环境、劳动力、金融、资源、房地产驱动的公司，这很难做到。为什么那么难？问题在于目前的创新主体模糊、创新方式不够、创新文化欠缺。

在创新主体方面，对于国家来说，创新的主体是在大专院校、科研院所，还是在企业、在政府机构，并不明确。对于企业来说，创新的核心点是放到三级公司、二级公司、总部、研究院，还是外包，在没有明确之前同样很难去创新。

在创新方式方面，在企业组织内进行创新，要有创新的方法和创新流程的管理。在企业中，创新什么、谁提出创新的第一个概念和最初粗糙的建议、谁来具体推进等，都需要进行管理，否则会进展缓慢甚至不了了之。中化目前正在做一个创新的"闸门式管理"，即"谁来提议、谁来筛选、谁来立项、谁来投资、谁来跟踪结果、谁来评价"的系统，以此来加强对创新方式的管理。

在创新文化方面，创新本来就是国有企业比较薄弱的一个环节，

研发费用相对较少。目前中国经济快速发展，大家都在追求快速有回报的生意，对这种科学的、钻研的、长期的创新项目，总会觉得太慢了，还需要承受创新可能带来的失败。所以企业要达到经营目标，比较简单的就是减掉广告费和研发费。但是高研发费用对于公司未来长远的盈利和发展具有支撑作用，这个问题要是不解决的话，会给企业的长远发展带来障碍。

对此，中化集团提出了"创新三角"，即明确创新主体、责任和目标，加强创新方式、路径的管理，培育创新文化，希望以此来提高企业的创新能力。

若干年前，中粮曾建设一个未来科技城基地，拿地和盖楼很容易，一年就完成了。楼建成以后，开始研究食品的消化、新陈代谢与寿命、疾病的关系，这显然是一个漫长的过程，但我们仍希望3～5年内就能见到成果。我们总是追寻比较快的回报，这导致我们认为长期的科研过程太慢，如果不去克服这种观念，会给企业带来长远的发展障碍。

企业的使命在于创新

从企业的角度来说，企业本身就是人类社会组织起来探索自然的组织，如果企业本身没有创新、没有探索、没有改进、效率没有提高的话，就不需要企业这种组织了。真正做创新，就是从根本上改变企业的思路，从追求资源、规模、快速、投机、重复建设，转向真正对行业有探索、有研发、在技术上有进步的改变，创造新的价值。

我相信中国的企业在10年前也说过创新，但今年不做明年叹息，总被一拖再拖，拖到目前的境地。我们每次在国外学习了别人的创新经验，参观了创新产品或工厂，回国后都感叹，我们应该成为谁谁谁。我们应该从中得到一些启发了，真正做创新，需要企业拿出时间与投入，这可能需要几年的时间，在技术上有突破，创造出新的价值。

（2017年7月）

> 一个行业的创新周期通常非常短,仅有三五年的时间,把握创新窗口、培育新的利润增长点,财务人员也应当有所思考和贡献。

财务管理

财务管理是整个企业管理最基本的语言和最基本的规则。基本的财务思维、逻辑、构架和语言应当被企业中的每个人所熟知。很难想象对于一个大型企业来说,突然有一天发现账目是假的、错的。当然,会计准则中有财务系统、税务系统、金融系统、风险系统、管理系统等,它们是统一的、立体的。财务工作的重要性是经常讲到的内容,财务人员冒的风险很大,发现的问题很多,但是通常声音很小,这是一个很大的问题。

管理的理论从产生到发展仅百年历史,但是已经发展出几代管理理论,其中仅有财务管理是没有经历过大的变革的。财务管理的发展,已经从最早的成本会计(Cost Accounting)过渡到管理会计(Management Accounting)。中国已经是全球第二大经济体,但管理会计在中国的发展和应用还相对滞后。

企业所犯的错误很多,但是真正经过计算得出风险水平,敢于冒风险,却因为运气不好导致判断错了的情况是极少的。大部分的风险都是常识性错误、没有准备的。公司中的财务人员所具备的技能应当是超越了一般意义上的财务、会计、数学和统计学,应当是逐步延伸到风险管理、资金管理、价值创造、战略财务,真正具备驱动公司进步的一体性的经营技能。只有这样的财务才能与公司本身的发展、公司各个部门相互联系。做业务也好，做管理也好，都要倚重财务部门为决策提供依据。财务的作用不仅仅体现在为业务开展提供信息方面，财务还要理解业务、支持业务、判断风险，进而为决策提供支持。市场上的竞争、市场上的趋势、市场上的资源配置，目前主要是一线业务人员能够感受到，比如地块的价格、存货的数量及风险等，中后台人员感受较少，限制了财务人员在公司发展中的作用。因此，财务人员必须对业务、对战略、对未来有一定的判断，而不仅是对一段时间内的指标有判断即可。反观业务人员，也要对公司各项财务指标非常敏感。

财务管理要能创造价值，而不能拘泥于程序性工作

财务管理和资金管理应当秉承价值创造的理念，战略投资就是冒一定的风险以达成一定收益的商业模式。我们对财务人员的战略素养要有一定的要求。中化集团是一家对风险非常关注的企业，对风险的控制比较严格。财务工作人员不应当拘泥于一般的基础性工作，应当真正用科学的手段来管理风险、容纳风险、顺应风险，对风险做评估和判断，否则我们会跟不上社会的发展。有一些公司战略计划和规划是很好的，但是在基础风险问题上过于冒进，公司负债累累，最终体现为财务问题。长期发展中出现的问题依赖于一代又一代人有成绩、有错误、有纠正、有进步、有牺牲、有创造，再有反思、再更进步。

关于财务工作在公司中是否受重视的问题，有人提出在业务发展顺利时，财务人员的工作会受到一定的排挤；在业务发展不顺利时，财务工作才受到重视。市场的不断发展和成熟会不断修正财务工作在企业中的位置。在西方一些企业中，CEO 和 CFO（首席财务官）地位同等重要，是符合企业发展需要的。实际上，CFO 对企业的经营风险和经营把控，应当仅次于 CEO，是 CEO 的智囊，具备 CEO 所不具备的一些技能和视角。在未来的企业改革和公司管理中，主管财务的人员应当在决策层中排在比较靠前、有话语权的位置。

有人也提出财务人员薪酬比较低的问题。一线的、做经营的业务人员收入原则上应当高于同级的财务人员，因为业务人员的薪酬应当与其业绩直接相关；财务人员相对更为辛苦一些，但是业绩压力与薪酬的关系并不直接。如果一个好的财务人员转型做业务，将其财务思维用于价值创造，可以成为一个非常全面的业务人才。

财务人员既要专业，也要有冒险精神

关于如何能够通过财务的视角来判断从现在到未来的风险，这就要求财务人员通过逻辑的训练和对过去问题的熟知来判断未来的风险可能性。例如对一些新项目的风险判断上，项目的准入是财务人员应当做出专业判断的部分；在现有业务上，如何能够把小业务做大、把大业务做好，是财务人员应当贡献价值的内容。商业模式就是首先想清楚公司要做什么，市场能否接受，有没有可能让公司继续生存下去。一个公司最初的现金流一定为负，在公司发展壮大的过程中，现金流逐渐变大但是公司可能仍旧处于亏损状态。随着企业逐渐取得市场竞争力，EBIT（息税前利润）首先变为正数，然后才能依次考察企业的回报率、增长率等。财务人员要考量的是企业能否经过前面的重重阻碍，一步步生存发展下来。现在中化处于一个新的历史阶段，今年原有的业务为公司贡献了较大的利润，在感到高兴的同时，我们也要时刻思考如何创新。一个行业的创新周期通常非常短，仅有三五年的时间，把握创新窗口、培育新的利润增长点，财务人员也应当有所思考和贡献。

同时，财务人员应该增强一些冒险精神。从财务工作的角度，融资应当更有效率，能够支持新项目的开发和延伸；作为财务工作人员，工作中不仅要有专业知识和专业判断，更要时刻将良心和良知摆在重要的位置，看待问题要长远，把个人发展与公司发展相结合，不断深化个人对社会的认识，运用不同的方法把事情做好。

（2017 年 11 月）

> 天上没有白掉的馅饼，世上也没有绝对好的东西，只能是尽量找一个平衡、有一个整体的把握。

均好发展

中国金茂经过十年多的发展走到今天，公司内部表现不错，虽然规模在行业里不算大，但经营水平和质量不低，发展势头较好，得到行业认可。这主要基于团队的努力、责任心和综合素质。虽然管理团队这一两年变化较大，但在李从瑞总经理的领导下，基本保持了团队的激情和干劲不受影响且不断提升，这一点非常好。我将基于这个团队的历史基础、过往业绩带来的信心，来谈一下中国金茂未来的发展。

在平衡中加快发展

天上没有白掉的馅饼，世上也没有绝对好的东西，只能是尽量找一个平衡、有一个整体的把握。中国金茂应该偏向于更快发展而不是控制风险，因为在过去30年、20年、10年的时间里，任何对中国经济发展形势有疑问的、保守的企业都输了，特别是在地产行业。我们必须要清楚中国目前的市场处在什么阶段，可能明年会困难一点，可能后年没那么好，但是中国现在仍处于经济增长期和资产升值期。在这个大趋势和基调之下，地产在中化集团总体资产中仍然保持着很重要的地位、盈利绝对值排第一，同时给中化集团带来的管理难度是最小的，应该给予更多的关照和支持。中国金茂一定要平衡好固定资产收益和销售带来的风险，如果平衡好了，即使市场有点波动，问题也不大。

增强产品溢价能力

目前，中国金茂在品牌、城市运营商的商业模式以及产品美誉度和溢价能力等方面有一定的市场基础，溢价能力是中国金茂的核心竞争力。在目前市场中，中国金茂能争取多少市场份额，是基于产品定位和对客户需求的认知，必须要增强核心竞争力，并且所有的发展都要以此为基础。不要大规模拿地做低端产品，这样即使做到第一也没用，因为这样会将产品做差，溢价和毛利率也随之丧失。因此，中国金茂的战略还是要集中做好一线城市，选择性进入机遇较好的二三线城市，做到每一个产品都是对品牌的正面增强。同时，绿色也是金茂品牌的一部分，绿色、科技、环保都要做好，使之成为溢价能力的基础。

夯实持有业务根基

酒店、商业等持有业务的特点是需要培养，而且培养起来之后，不用再多加管理就能自发盈利。因此中国金茂必须真正给相关业务发展的时间，并匹配专业团队来进行管理。比如如何进行专业的商业定位，针对不同客户群引入不同品牌并使用不同的推广方式。当把前期培养性工作都做好后，终究会是好资产。比如三里屯太古里用十几年时间建设一整条街的商业项目，打造出一个很好的低密度、开放式的"太古里"品牌，体现出"恒产、恒权、恒心"的经营理念。虽然这与国企文化不太一致，但通过持有部分物业，形成比较稳定的经营收入，既可以抵御一定的市场风险，资产本身也会逐步升值，在销售型和持有型物业之间、长期与短期之间达到平衡。

提升城市规划能力

未来中国金茂还应分块、分专业地持续提升核心价值，比如作为城市运营商必须要有专业的规划能力和招商能力，不是简单找几家规划设计公司的事情，要具备做城市规划的核心竞争力，能够将城市片区接得住、做得活。同时也要做好成本管控和细节管理，房企的成本管控是设计出来的。万科最早在大厂房实验环保技术、循环水、灯光及减噪设备等，通过搭建模型来模拟真实住房需求，具体会细化到门厅、洗衣机、空调的位置，这就是一种脚踏实地的做法。但是太看重细节也不行，还要看城市规划等宏观方面。

均好发展挺进前列

中国金茂的发展要更加注重均好性，只有均好性做好了，才能取得成功。中国金茂要对房地产行业大趋势、股权、回报率、负债比例、品质、管理团队、发展速度及行业排名等进行综合判断。同时也要强化自身经营能力，思考建什么房子，怎么做好持有业务、成本管控、品牌管理等工作，在高质量发展的前提下跟上行业领先企业的步伐。

（2017年12月）

> 未来，谁能真正为客户带来价值，谁就是招标公司，谁就是招标专家，这个牌照不是发出来的，是干出来的。

渴望竞争

招标公司的核心竞争力不是牌照，而是创造价值的能力

关于招标，过去我总有这样一个想法：买东西谁不会？我自己也可以买，为什么非找它（招标公司）买不可？但是不通过它又不行，因为招标公司有资质，这就成了一件麻烦事。但是现在，这个想法已经开始转变。航天飞机上天、火车高铁开通都和它有关系，招标其实是一件挺不容易的事情，是一个挺高大上的事情。

在外贸企业里，20年前资本金不大的公司，能够顺利做到今天绝对有它的理由，如果没有一点商业逻辑是存活不下来的。虽说有资质和牌照，但是它也一定是有专业性要求的、有专业服务的，否则今天也不会有这么多客户来捧场、站台。

那么招标公司究竟是干什么的，是替人买东西的吗？以前在香港有个工程，每次都有个 Procurement Cost 采购服务，美国人、日本人替我们搞采购，我说他们搞采购还要收钱，是他们买比我们买便宜吗？也不一定。但是如果他们买的又便宜、又对、又好、又及时，还有很多服务在里头，那么这个活儿还是有价值的。

尤其是现在招标法修改了，下一步就更要看真功夫了。过去不充分的市场经济带来了很多不能真正创造价值，而仅仅通过一个资质、一块牌照就能收钱的业务，但到了今天日子已经很不好过了，明天的日子就更难过了。未来，谁能真正为客户带来价值，谁就是招标公司，谁就是招标专家，这个牌照不是发出来的，是干出来的。

中化是渴望市场化竞争的企业，不是垄断型思维的企业

不光是招标，几乎所有事都是如此。在凯晨的一层有一个小小的展室，讲述了中化集团的历史，中化那个时候还叫中国进出口公司。我见老干部时曾遇到一位老大姐，我问她以前是哪个公司的，"我中进出的。"我问，"什么叫中进出啊？"原来是"中国进出口公司"。那时候是啥气候、啥状态？中国只要搞进出口就得找我们。但是一路走到今天，正因为市场化的发展和竞争，包括外贸体制和其他行业的市场化体制改革，才让中化集团取得了今天的发展，才让中国经济取得了今天的发展。

我相信中化招标之所以能够走到今天，而且取得了不小的、不错的业绩，这也是秉承了中化面对市场竞争，努力做好服务，希望通过服务来增加客户价值、提升自己价值的文化。这和中化的文化、中化作为市场化企业的精神是非常一致的。中化是一个渴望市场化竞争的企业，中化不是一个垄断型思维的企业，它在任何领域里都渴望开放、渴望竞争，渴望用它真正的产品、服务和价值创造来取得市场地位。

现在招标法修改了，我们也发布了新的战略，这对于招标公司是个很大的机遇。在中化集团，一个相对较小的企业能不能做大，一个相对较小的业务能不能以创业的形式来做好，这是真正考验国有企业的一个基本原则。真正的好经理人是什么？把坏业务做好了、把小业务做大了、团队建设起来了、有可持续发展了，这就是好经理人。如果公司本来就很好、业务本来就很大，但你来了几年以后，结果一看对手走得很远，你却原地没动，这就是属于看门、看摊型的经理人。这种人很害人，因为几年过去了、经营环境不同了、竞争对手往前走了，实际上他已经把企业搞坏了，但别人还看不出来。

中化招标必须给企业提供真正的、全链条的、全价值链的、综

合性的、可以提供解决方案的、可以真正让客户得到收益的服务。通过中化招标来做，采购的一定是好的、质量高的、便宜的，同时还有融资服务、建设管理服务。能不能做到？这非常考验团队，团队本身的素质和体制机制改革都非常重要。甭管员工持股也好、员工入股也好、员工分红也好，中化招标完全可以以一个纯市场化的公司为目标来改革，不管什么方法都可以。中化集团非常鼓励创新性体制改革。大家要创新性地招揽人才、厘清战略，最终打造出一支有理想、有信念，也有创业精神的团队。

我们有团队、有战略、有机制，还有司歌——别小看司歌，这是成功的一个象征，这是一个信号——中化招标未来一定能取得更大成功！

（2017 年 12 月）

> 现在做商业完全就是创新性的、体验性的，要超出日常消费思维的创新。

创新引领实体商业布局

商业还在不断地蜕变、不断地推陈出新，对体验性的要求越来越高，经营不好的人也很多。元旦时我去看了西安的中粮商业新改项目，中粮的商业也在不断地改革，并且输出很多，轻资产也比较多。目前市场上每个商业都不同，都各有特色，电子商务对商业又不断地冲击，但中粮并没有受很大的影响，它的收益还不错。

去年激烈的线上线下竞争导致北京北辰购物中心关门，大家都在声讨马云。其实，商业的业态一直在变，做商业要跳出仅仅按照老的规则做招商、做运营、做百货的固有思维，摆脱过去觉得只要位置好、区位好、服务好、品牌选得好就可以的传统商业思想。超市都开始创新了，商业更要重视创新。商业项目养起来之后就会有不错的发展，现在中粮的几个项目都非常好，去年靠收租弥补了其他业务的亏损，收益都很不错，今年又开了很多，包括西安、杭州。所以，做商业要慢慢来。

对金茂商业我是非常有情结的。金茂商业不仅是金茂地产不可分割的一部分，也是金茂地产提升战略布局、优化资产组合、规划长远发展目标的非常重要的一部分。我们非常重视，也非常想做好。但是，做商业本身存在很大的挑战性，因为短期回报率低与长远资产布局存在很大的矛盾，再加上要面临激烈的市场竞争，这个竞争既有来自其他商业本身的竞争，也有来自电子商务的竞争。目前金茂商业在市场上比较弱，相较华润和中粮发展较慢。但是没有关系，目前业态的创新和竞争带来的新格局，几乎把所有商业重新放到了同一起跑线上，包括中粮今天刚开的商业，我们都必须再去改，改组合、改定位、改服务、改团队。过去做百货公司，做好服务和销售就可以了。现在做商业完全就是创新性的、体验性的，要超出日常消费思维的创新。这就对团队的创造性提出很高的要求，如果主题性的东西不能变成话题性的、革命性的东西，就是有问题，做着做着就瞎了。电子商务每天都在创新，对于实体商业的创新也提出了更高的要求。但是，我们有信心，中化集团和中国金茂坚决支持金茂商业的发展。而且，金茂商业也有很好的基础，如资产的基础、团队的基础、品牌的基础。大家要一起努力，一定要在2018年有更好的创新，现在已经不再是追求规模的时代了，规模一大就会有很多的问题。我们要推出新东西来，金茂商业要有创新性的、革命性的创造，要争取在电子商务的年代引领实体商业的布局。我只是给出了题目，解题主要靠大家，要让商业人通过自己的努力去寻找答案。

（2018年1月）

> 全要素生产率的提高在企业就是研发，就是创新，就是流程效率优化，就是 EVA，就是现金流，就是 ROE。

生产率

为什么会有经济周期？为什么会有通货膨胀？为什么会有穷国富国？还有，为什么企业会破产，工人会失业？这些问题过去经济学教科书上是有答案的，可现在这些问题变得复杂了，答案也不清晰了。因为回答这些问题，经济学有经济学的答案，政治学有政治学的答案，历史和哲学也提供了不同角度的答案。特别是近几年，所有学科都有个新概念，叫"知识融通"（Consilience），就是把牛顿、爱因斯坦、达尔文的逻辑也融合进经济理论，再加上互联网科技带来的新经济，世界的确变得更一体了，经济问题也变得无所不包，讲清楚很困难了。

其实如果回归初心、回归本源，这些问题的答案还在最基本的道理之中。除去浮在表面让人觉得经济变化无常的因素之外，所有人类经济活动的关键，在于效率，也叫生产能力，或叫生产率（Productivity）。经济生活中的进步来源于此，问题也来源于此。一个社会组织者最根本的任务就是把社会成员最有效地组织起来、激发起来，放到最适当的位置和环境中，以最高的生产率参与人与自然的物质交换、公平分配，达成美好社会的目标。而企业这种组织形式则是形成生产率的主体。如果企业的生产率与它的借贷不匹配，则可能会造成经济周期；如果货币发行与企业生产率的进步脱节，则会发生通货膨胀；如果一个国家拥有较高的生产率，如 200 年前的英国、100年前的美国，它在某个阶段上会因为生产率的提高而积累财富。企业的命运、员工的命运，归根到底还是效率、生产率和竞争性，是由投入和产出的效率所决定的。如果一个社会的经济发展都来自生产率的提升而不是过度的资源投入，那么这个社会可以没有经济周期、没有通货膨胀，只有财富的不断积累增长和人民生活质量的提高，这是一个令人向往的社会。

习近平总书记在十九大报告中指出要提高全要素生产率，这是在资源和规模要素不增长的前提下，提高企业生产率的路径，是对经济发展的更高级别的要求。国家经济增长的方式要升级转变，首先要转变的是企业。它主要的驱动力是科学技术。供给侧结构调整改革，要改革、要提升的就是企业侧、生产侧、资源配置侧，这也是企业战略目标和竞争力的要求。全要素生产率的提高在企业就是研发，就是创新，就是流程效率优化，就是EVA，就是现金流，就是ROE。

世界上的事情本来不复杂，根本道理是一样的。1977年河姆渡遗址发掘时出土的骨耜与当时农民用的铁锹功能基本是一样的，可见7000年来中国在农耕技术上的进步不是很大，由此也可以想见中国朝代更替在科学技术和生产率没有突破性进步的情况下有很强的简单重复性。

（2018年1月）

> 希望中化资本将来能变成一个平台式的公司，中化集团自身在未来大的方向上也会逐步变成一个这样的公司，变成一个以创新和科技驱动的战略平台。

中化资本

中化资本这个新名字对我们意义很大，中化人对它给予了很高的期望，而且有一个历史情怀在里面。大家都知道，中化是个贸易企业，在二十几年前，承接整合了当时经营陷入困境的外贸信托，金融业务是从困境中起步的。从那天走到今天，见证这二十多年的改革发展历程后，我们又重新整合了一个新公司，新重组、新整合，也将转换成一个新的发展方向。中化资本正式成立，将对中化集团的资产组合产生历史性的影响，为中化集团的发展带来一个历史性的驱动和进步。

中化的各项金融业务有两个共同特点，一是对风险控制的把握，这个我们未来仍将持续坚持，在国家对金融管控、金融整顿的大背景下，符合政策要求稳健发展。二是我们内部的调整和创新机制。我们十年前做的、五年前做的、两年前做的、今年做的都不太一样，像一个生命体，不断地进行自我更新、自我否定、自我蜕变、自我升级。这些都是我们未来继续健康发展的良好基础。当然，我们也意识到，虽然我们有很多优质的资产、优秀的团队以及优良的作风传统，但实际上在行业里还是很小的，业务牌照也仍不健全，这是我们应该明白的现实。也正是在这个基础之上，我们开始了整顿、整合，把刚才说的几类业务合到一起，真正成立了中化资本这个金控平台。

未来，中化集团将对中化资本的发展给予坚决支持。第一个支持是放权、改制、激励以及放心，这是最大的支持。中化资本必须秉承过去的传统，自己去创新、创造，在现有的基础上进一步开辟自己的道路。第二个支持是给予业务、资本、产业、公关、品牌上所有内容的支持，给一个国有企业能给的所有支持，希望能够创造出一个好的环境，让中化资本有更好的发展。

我希望中化资本将来能变成一个平台式的公司，中化集团自身在未来大的方向上也会逐步变成一个这样的公司，变成一个以创新和科技驱动的战略平台。我们在能源、化工等现有业务之外，也要发挥好投资功能，使用中化集团资金对新产业进行跟踪投资。

我认为，在金融行业里，最重要的是秉持我们自身的优势和愿景，真正服务实业，真正服务客户，真正提供附加值，提供专业、有价值的服务。在这个基础上，未来第一步是进行现有业务的整合、经营，第二步是改革体制，走向资本市场并上市，最终成为中化集团组合里面一个更为重要的部分，成为推动中化集团进步、贡献中化集团成长的一家公司。这个全要靠我们团队、我们的员工以及我们客户的支持。

中化集团一定和大家一起努力，将中化资本真正发展好，使之成为在金融服务行业里具有相当地位、能够持续创造价值的公司，使我们的客户价值、员工价值、股东价值得到更大提升。

（2018年2月）

> 创新是引领发展的第一动力，抓创新就是抓发展，谋创新就是谋未来。

谋创新就是谋未来

习近平总书记指出，企业是创新的主体，是推动创新创造的生力军。并强调，要推动企业成为技术创新决策、研发投入、科研组织和成果转化的主体，培育一批核心技术能力突出、集成创新能力强的创新型领军企业。国有企业特别是中央企业，是国家科技创新的骨干和中坚，在落实创新驱动发展战略、建设创新型国家中地位重要、作用关键，必须坚持创新发展，瞄准世界一流目标，依靠科技创新实现企业转型升级和高质量发展，在建设世界科技创新强国中做出积极贡献。

打造创新型领军企业必须把握科技创新的发展大势

习近平总书记指出，变革创新是推动人类社会向前发展的根本动力。谁排斥变革，谁拒绝创新，谁就会落后于时代，谁就会被历史淘汰。国有企业特别是中央企业，必须顺应发展大势，把握创新规律，成为科学技术驱动的创新型领军企业。

从世界经济发展趋势看，进入21世纪以来，全球科技创新进入空前密集的活跃期，新一轮科技革命和产业变革正在重构全球创新版图，重塑全球经济结构。各国都在寻找科技创新的突破口，抢占未来经济发展的先机。新技术的出现使得科技型企业在短短5~10

年即能占领市场，那些技术含量低的企业将很难在市场竞争中存活下来。未来，在国家与国家、企业与企业之间的竞争中，科技创新将发挥越来越重要的作用。因此，企业要建成可持续发展的"百年老店"，必须将科技创新作为转型升级和未来发展的第一动力，崇尚科学，钻研技术，坚定不移走中国特色的自主创新道路。

从人类工业发展规律看，自18世纪中叶以来，先后经历了蒸汽时代、电气时代和信息时代三次革命。现在，人类已经悄然迈入以人工智能、机器人技术、物联网、清洁能源、量子信息技术、虚拟现实以及生物技术等为代表的第四次工业革命时代。每一次工业革命都是在企业的参与下完成的，谁能抢占先机、顺势而为，谁就有机会成为时代的弄潮儿。无论什么行业的企业，也无论企业规模大小，科技水平和创新能力都是企业生存与发展的关键，是企业的核心竞争力所在。

从党和国家事业的全局看，国家要强盛、要复兴，就一定要大力发展科学技术，努力成为世界主要科学研究中心和创新高地。我们比历史上任何时期都更接近中华民族伟大复兴的目标，为了早日实现这一目标，我们比历史上任何时期都更需要建设世界科技强国。改革开放40年来，国有企业在党中央的正确领导下，为壮大我国综合国力、促进经济社会发展做出了不可磨灭的贡献。立足新时代，国有企业必须把满足人民对美好生活的向往作为科技创新的出发点和落脚点，把改善民生作为科技创新的重要方向，发挥在科技创新领域的主力军和牵引性作用，持续加大投入和研发力度，奋力抢占创新制高点，为建设世界科技强国再创辉煌、再立新功。

国有企业要把科技创新摆在企业发展全局的核心位置

习近平总书记指出，推动经济高质量发展，要把重点放在推动产业结构转型升级上，把实体经济做实做强做优。国有企业特别是中央企业，必须牢记初心使命，把科技创新摆在企业发展全局的核心位置，勇于担当、敢于突破、善于创新，坚持不懈把国有企业打造成为创新型领军企业。

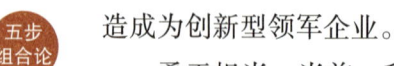

勇于担当。当前，我国经济已由高速增长阶段转向高质量发展阶段，正处在世界新一轮科技革命和产业变革同我国转变发展方式的历史交汇期，既面临着千载难逢的历史机遇，又面临着差距拉大的严峻挑战。国有企业特别是中央企业，必须在建设世界科技强国征程中勇于担当，主动作为。要通过实施创新驱动发展战略，改变我国在一些重要科技应用领域核心技术欠缺、高端产品依赖进口的被动局面，依靠科技进步推动全行业转型升级，努力在全球科技竞争中抢占先机，率先引领行业的高质量发展。

敢于突破。习近平总书记指出，关键核心技术是要不来、买不来、讨不来的。只有把关键核心技术掌握在自己手中，才能从根本上保障国家经济安全、国防安全和其他安全。国有企业特别是中央企业，要清楚我国在关键领域和核心技术上的突出短板，从根本上转变企业发展动能，努力把关键核心技术牢牢掌握在自己手中。

善于创新。创新是引领发展的第一动力，抓创新就是抓发展，谋创新就是谋未来。在打造科学技术驱动的创新型领军企业的过程中，国有企业特别是中央企业要根据各自的实际情况，探索出一条符合自身特点的创新发展之路。比如，中化集团有限公司以"创新三角"（创新主体、创新方式、创新文化）为核心，加快建设开放（Open）、多元（Multiple）的产业化（Industrial）创新体系——中化OMI创新体系。在创新主体方面，设立高层级的科技创新决策支持机构，加强组织领导；做好科技管理领军人才及学术带头人队伍建设，抓好关键少数；设立新业务培育平台，强化产业化创新。在创新方式方面，横向实现从内生式创新为主向内外部资源有机结合的开放式创新转变，纵向实现从研发环节单点突破向研产销全线贯通的产业化创新转变。在创新文化方面，鼓励创新与管理创新并重，既要尊重规律、容忍失败、鼓励创新，又要以科学的态度和有效的流程管理好创新，提高创新的投入产出效率；科学评价与精准激励挂钩，制定有利于促进科技创新的分类考核评价办法，并相应建立包括成就感激励、物质激励在内的多元激励机制。

国有企业打造创新型领军企业的路径

新时代推动高质量发展，关键要靠科技创新转换发展动能。国有企业特别是中央企业必须牢牢抓住创新这个关键要素，转变发展理念，调整战略布局，优化管理架构，形成新的商业模式和重要战略性资产，真正转型为科学技术驱动的创新型领军企业。

要培育世界一流的创新产业集群。习近平总书记指出，要突出先导性和支柱性，优先培育和大力发展一批战略性新兴产业集群，构建产业体系新支柱。中化集团是从业务单一的传统外贸企业逐步转型为多元化企业集团的，在能源、化工、农业、金融、地产等领域形成了较为雄厚的产业实力。多年来，中化集团高度重视科技研发和技术进步，已经形成包括3个国家重点实验室、9个国家级研发平台的科技创新体系，在环保制冷剂、新型农药、橡胶化学品、氟精细化工等领域取得一系列国际国内领先的研发成果，有能力在我国能源、化工等产业的技术进步和转型升级中更好地发挥央企主力军作用，以实际行动促进创新驱动发展战略的落实。

打造开放共享的行业创新平台。习近平总书记强调，发展科学技术必须具有全球视野。并指出，自主创新是开放环境下的创新，绝不能关起门来搞，而是要聚四海之气、借八方之力。国有企业特别是中央企业要以开放融合、协作共享的心态整合内外部创新资源，将企业打造成具有引领性和辐射性的行业创新平台。有条件的企业应积极参与国家级重大科研攻关项目，牵头组建行业性研发创新联盟，举全行业之力突破关键技术瓶颈制约，分享行业创新成果。

建立灵活高效的创新管理机制。习近平总书记指出，要优化和强化技术创新体系顶层设计，明确企业、高校、科研院所创新主体在创新链不同环节的功能定位，激发各类主体创新激情和活力。要着力改革和创新管理方式，改革科技评价制度，正确评价科技创新成果的科学价值、技术价值、经济价值、社会价值、文化价值。国有企业特别是中央企业应结合自身条件，培育一批具有核心技术优势和持续创新能力的控股企业，并通过科学的评价机制让更多资源向新业务、成长性业务倾斜。

建设素质一流的创新人才队伍。习近平总书记强调，人才是创新的根基，创新驱动实质上是人才驱动，谁拥有一流的创新人才，谁就拥有了科技创新的优势和主导权。引进一批人才，有时就能盘活一个企业，甚至撬动一个产业。要择天下英才而用之。为此，国有企业特别是中央企业应通过外引内育相结合的手段加强创新人才队伍建设，在关键和核心业务领域吸引一批高层次人才，形成全方位、多层级的科技领军人才团队。

（2018年12月）

> 每一天、每一分钟的工作，都应该是和战略吻合的，都要朝着未来的大目标努力。

打造核心竞争力

核心竞争力这个词，十多年前用得比较多，就是指你特有的能力，是别人拿不走、学不会、很难复制、长期有价值的能力。不是说我在这有个楼，在那有个设备，或者我有产量，因为这些东西很快就能被复制。特权和保护也不是核心能力，因为核心能力是竞争的核心能力。中国经济在改革开放后走过40年，可以发现真正可持续的核心竞争力就是一个健康团队推动的、不断创新的技术能力。现在，没有技术能力，就是没有核心竞争力。

那么，2019年乃至未来，中化能不能变成一个真正有核心竞争力、能够创造东西出来的公司？朝着这个目标，我们应该做什么、怎么做？我觉得每一天的工作、每一分钟的工作，都应该是和战略吻合的，都要朝着未来的大目标而努力，而不能今天搞搞这个，明天搞搞那个，下一步要搞什么再说。这样时间和机会就浪费了，没有积累。如果大家说别人是个大酒店，我们是个饺子馆，但我们吃饺子也不错，那我也没意见。现在，我们过日子没问题，吃饱饭没问题，发奖金也没问题，基本的养家糊口都没问题，但这不是我们的追求，大家也不服气。人就是这样，不太满足。因为这很容易做，也不需要董事长、不需要总经理，自己好好维持着就行了。我希望要创造，不能只是守摊。

我希望从现在开始，用未来的十年，能够在中国创造出一个集石油化工、农业化学、生物化学、新材料科学，包括环境科学这些业务在内的综合性化工企业，当然还有地产和金融。所以，未来我们会主业清晰，但也会有其他行业的投资，让金融和地产逐步更加市场化，也可以通过创业投资基金来支持未来发展。我觉得这是一个非常令人激动兴奋，而且是对未来充满期盼和憧憬的阶段。

未来，我们的团队要成为一个在创新过程中有潜力、有活力的团队，特别是要认真思考如何更好地融入市场、更好地研判市场和消费者偏好。因此，我们必须要站得更高一点，看得更远一点，眼界要更宽一些，脚下的步子也要迈得更扎实。

就公司各个业务板块目前较为关注的几个问题，我的意见如下。

问题1：一个企业用5～10年时间从一个业务内核基本和科技相距甚远的企业转型成为一个科技驱动的企业，这样转型成功的样板企业是谁？在成功转型过程中，哪些因素最为重要？

传统企业成功转型的例子有很多，比如帝斯曼，原本是一家煤矿业，目前已经成功转型为一家全球领先的动物营养、生物化学企业。几乎没有一家企业是从成立第一天开始就决定它必然的发展路径，都是走了一些弯路，做了新的转型或者尝试了新业务才找到适合自己的发展道路。当然，每个企业走向成功的路径和方式各有不同，有可能是有机成长，也有可能是无机并购。

最近，CNN电视台正在播放《一百年的企业》，其中讲到松下。我发现，松下最开始是制造自行车灯，原理是通过脚踏车转动发电使自行车灯持续发光。年长的人可能体会比较深，年轻人可能觉得这是一件匪夷所思的事情，但实际上在当时这已经是非常先进的发明了。松下就是从那时候开始，一直发展到今天，业务已经完全不一样了。

和化工有关的企业，比如杜邦，起初是做火药。因为中粮与杜邦在动物营养方面有合作，所以我去过几次。我问杜邦的CEO柯爱伦女士，杜邦是怎么通过火药做大的。她说，当时很多公司都会做火药，但存在同一个问题，就是子弹一打就冒烟，子弹走得不如光线快，动物看到烟之后自然就逃跑了。所以杜邦就研发了无烟火药粉，由于动物看不到烟，声音传播速度慢，听到枪声又晚，因此在来不及逃跑时就被击中了。就这样，杜邦的火药突然间就领先了，再慢慢变成今天完全不一样的杜邦。

再说先正达。先正达历史上也整合了很多次，但最早是做染料的。我到巴塞尔去看，发现不光是先正达曾经做染料，那里几个大的制药公司最初都是做染料的，比如诺华和罗氏。为什么巴塞尔出了这么多化工企业？有人告诉我因为这里之前都是染坊。这里有条火车线，火车线边上是四国交汇，还靠近德国，没人管环境，爱污染就污染，税还少。当时纺织是很大的产业，所以很多企业都来这做染料了。再后来，就从染料转变为涂料，到现在变成生物化学，改成治病救人了。这就是它们的转型过程。

百年老店没有一个是百年不变的，过去十年一变，现在五年一变，不变不长。我们可以看到非常多的例子。最近我看到美国西尔斯百货破产的例子。我去美国上学的时候，西尔斯是最好的企业。店里面全是商品，感觉是被商品的海洋包围着，也没人守着。中国那会儿还是柜台，顾客来了，售货员再问"买不买？不买别看"，这是完全不同的模式和形态。但是西尔斯也消失了，因为没转型。这家企业里的人都是很好的人，老实、诚信，对公司也很敬业，但是没有战略野心。所以，回到问题本身，转型过程中什么因素最重要？我认为有两个东西最重要，一是必须要有战略的胆量和野心，二是必须要有好的团队。

问题 2：GE 公司是不少中国企业的"样板企业"，最近 10 年 GE 在向数字化转型过程中投入巨大精力，有不少成果，也有很多波折，如何看待工业制造类型企业的数字化转型之路？

GE 曾经是道琼斯指数创造以来唯一一个没有被剔除的公司，但在 2018 年被剔除了。我不认为 GE 没有好的团队，但这架机器太成熟、太复杂、太完美，完美到什么人过去都不行，这么大的公司全靠官僚体系来运作，所以丧失了机会。

能源事业部的能源互联网的试验和探索，我认为必须支持，因为精神和方向是对的。以成败论英雄是必然的，但是这个事不能那么快，否则我们就是不能容错，就没有自己讲的"创新三角"。企业一亏钱，谁都不好受，不支持的话就开始说了。但如果都这么说下去，那就没有创新，不用创造。研发投入90%都是错的，但还是要支持。

反过来讲，创新出现问题，我们也必须搞清楚到底怎么回事。能源互联网现在亏损比较大，超过我们原先的预期，而且团队也在重新检讨业务模式。创新不能乱来，最起码我们得判断清楚是对还是错。判断它是对的或者是错的没关系，但是不能没有判断。从这个角度来讲，我们要有反思和回顾，看看下一步怎么来做。

问题3：在向科技驱动的创新型企业转型过程中，如何平衡短期利益、当期考核与中长期行业客观规律的关系？如何平衡转型过程中机会与风险的关系？

我认为短期之内要做好正在运营中的现有业务，这里面有标杆、有预算、有执行、有激励。同时，从长期来看，对于新的业务，无论是并购的、研发的、新投资的都要符合集团整体战略、服从集团管理，集团可以给予足够的时间去尝试。比起当期盈利，我们更关注新业务的长期价值贡献。公司推动下属企业上市，最终也要取决于企业的成长性和创造性，能不能满足资本市场的预期，而不仅仅是当期盈利。

没有成长性、没有创造力的企业就没有发展前途。所以公司鼓励长远、鼓励研发、充分包容，否则就不是科学至上，就不能转型。中国的企业一直被不断地推动着转型，国外企业转型需要几十年，甚至上百年，国内的企业可能五年就要完成。中化的转型历经了几代人，这里面有成功也有失误。所以转型不是我们觉得好玩，也不是我们能选择的。我希望等到行业真正发生变化的时候，我们已经转变了。这样我们就是领先的转变，是有前瞻的转变。但转型有风险，如何平衡风险，我只能讲原则，不讲具体怎么平衡。如果哪个事业部、哪个业务单元要做一项创新型业务，在科学预测后提出必须接受五年亏损期，然后才能实现预期盈利，公司可以保证给予足够的时间和支持。但并不是所有创新型业务都能够得到同样的支持，公司要综合评估项目风险，同时还要考虑公司整体发展和盈利水平，需要做风险分割。

问题 4：当前环境下，一方面，国家要求金融必须"脱虚向实"，央企金融业务必须服务好集团主业；而另一方面，"外向型市场化发展、走出自身独立战略"又是把金融业务做好的关键。如何辩证理解两者之间的关系？

关于服务好集团主业与独立战略的关系，我觉得金融事业部需要先琢磨自身战略。因为集团内部的业务是有限的，金融事业部提供的服务也不是完全为集团量身定制的。如果你们在外部市场上取得了成功，那么你们为集团提供的服务肯定也会得到认可。如果说集团只把金融服务交给你们来做，你们也只给集团提供支持，大家不在市场上做，那最后肯定干不好。

另外，对"脱虚向实"含义的理解，不要太狭隘。之所以"脱虚向实"，就是过去金融行业搞了很多自行创造、内部空转炒作的业务，现在不能做了。其实，金融行业只要是对实体经济提供支持，不管是具体哪个行业，就是"脱虚向实"，不一定非得给制造业和工厂提供服务才行。

2019 年我们追着往前走，做好自己的工作，一定可以有大的作为。我国仍然处于重要的战略机遇期，大家要增强信心，做好自己的事。

（2019 年 1 月）

> 我们的研发真正变成一个看得见摸得着的东西，是相对可预测、可管理的，与公司发展战略吻合，这样中化才能成为一个真正的创新型企业。

高通量创新

针对未来科技创新的走向、路径、方法等，我提出六方面要求。

第一，科学至上和科技驱动是公司发展的基本理念和基本方向。公司每一个团队，团队里的每一个成员、每一项业务在战略方向上、竞争力培养上都要把"科学至上"核心理念放在第一位。当前，国际大势的变化、行业形势的变化，中央对所有产业的发展要求，让我们更加坚定了这一基本理念。当前的中国正处在让科技变成主要驱动力、通过科技转变经济增长方式的关键阶段，科技关系到中国经济能不能进入新的发展阶段这一根本问题。在当前化工行业格局发生整体转变的大形势下，中化人应更加坚定秉持"科学至上、知行合一"理念作为公司发展的基本思路。

第二，"科学至上、知行合一"关键在行。说很简单，强调重要性也很简单，但最终要落实、要行动、要实现、要达成目标。公司真正实现转型，变成一个全新的公司、创造一个全新的发展模式，这是比较难的事，我们对于创新最基本的组织、方法、路径还在摸索中。怎样才能真正从清晰的组织逻辑上管理研发的过程，有意识地管理创新、推进创新，不断激发创新的方法，对于今天的中化来说实在太重要了。我们现在绝大多数项目几乎都是源于某种需要而做，并不是大量的、不断的创新过程中产生的必然结果，因此相对比较偶然。这样的创新难以支撑企业可持续发展。作为企业，我们需要一种方法，一种只要有投入、有研发团队，就必然会产生出越来越多的好技术、好产品的创新方法。这个方法可以称之为"高通量的创新"。有了这个方法，新技术和新产品的产出就会成为我们创新管理过程中必然的产出。我们能不能建立这样的组织，变偶然为必然？

关于如何实现"高通量的创新"，要抓好两个关键：一是针对不同的事业部设定不同的创新战略、要求、标准、评价和方式，不能一刀切。因为发展阶段不一样，创新方式不一样，市场需求不一样，所以需要根据各自的特点，给予不同的资源配置和评价，下一步要更加明确这一点，一定要分行业、分重点。二是从创新的过程、创新的方式入手。现阶段我们真正的创新主体，不在事业部层面，基本上是事业部的主要业务单元，每一个业务单元是一个创新的单元。因此要激发每一个业务单元成为不断创新的主体。在大的范围内、工业领域内，我们不再限制其发展，特别是不限制他们用技术驱动发展，无论是并购企业、购买技术、合作研发的方式，还是内部工艺流程改造提升、创造新工艺的方式，都是好的技术驱动方式，不必非要追求原创的技术。比如圣奥的橡胶助剂，是老产品通过工艺和技术创新，不断去试验、追求技术上的极致，这就是很好的创新方法。未来我们能不能形成多种创新方式竞相产生成果的局面，将决定着中化能不能找到可持续发展模式，从而真正地落实"科学至上、知行合一"，真正和公司的战略、国家的战略、中央的战略吻合，促进公司发展。

第三，集团应做好六大政策引领。作为2019年度集团科技创新六大任务去落实，财务部、人力资源部、办公厅等相关部门要协同起来。到今年年底，要从如下问题考察，有没有做这个工作？是不是这么干的？真正创新的人是不是得到好处了？业务是不是有发展？资源是不是被整合、被充分利用了？这六大任务具体如下。

一是设立科技创新基金。由集团拿出一定资金，来支持所有的事业部创新、研发、技术进步，但要程序规范。集团投资不能超过事业部投资的30%～40%，可以入股投资，也可以做低息贷款。必须两方都认可，事业部自身认可、集团认可。这样既可以降低事业部本身的资金压力，降低绩效评价对研发带来的压力，从集团自身来讲也是作为一个促进、鼓励创新的政策。

二是支持员工入股。在政策允许的范围内，支持允许技术人员、职工、管理人员入股，可以单独加入创新项目的股权里面。公司需要一部分抱有创业者心态的创业者，集团出大部分投入，创业者也入一部分股，这不但显示出一种信任和信心，也表明了公司未来发展的模式中有个人的投入、参与和贡献。反之，"不想入股""研发是否成功跟我没关系"这种心态是不行的，不是创业的心态。

三是建立快速决策的程序。在符合公司战略方向、战略目标的前提下，要支持比较快的决策，比如并购、投资有技术的小企业等。

四是有组织地支持研发人员申请科技奖励。未来公司能不能多在国家平台上得奖、在国际上得奖？集团要帮助研发人员申报、获得国家级以上的权威奖项，不仅能得到品牌效应，也能得到资源，最重要的是促进我们的科技发展。集团内部也要对研发不同阶段的项目有评比，对那些创新性的公司、个人都给予公开的评价、奖励、表彰。这个评价要独立，与其他系统平行，方法要非常科学，要经得住考验。

五是支持内部协同。要支持内部科技力量的协同，在集团内部形成现有技术的整合、建立新的商业模式。要设立"协同创新奖"。一个企业如果内部没有协同，没有融合创造新的模式，客户感受不到任何影响，竞争对手更感受不到任何影响，那麻烦就大了。针对通过整合资源创造了新的商业模式、新的技术的实践，不管是个人还是公司，都要给予表扬和奖励。

六是实行分类考核。集团负责考核评价的有关部门，针对创新业务，科技投入所带来的高成本支出，要单独核算，不能影响当期业绩，此外还要加大对拥有较大创新比例或创新潜力的业务的支持，给予适当加分。针对什么是创新业务，要严谨定义，不同的业务要有分类，这需要一整套管理体系配合运行。

第四，我们要变成一个"High-throughput Innovation Machine"（高通量创新机器，以下简称 HIM）。我们现在的创新必须进入这个阶段，要有一套组织管理体系把科技创新在整体上变偶然为必然，需要让新技术和新产品的产出成为我们创新管理过程必然的产出。这样，整个公司就要调度起来，所有的创新主体、执行主体必须调动起来，明确理念、目标，评价系统如何执行也要明确，必须要明确分工，使整个公司变成一个 HIM。

第五，加强对创新过程的全面管理。集团创新与战略部要对创新过程有全面管理。集团首席技术官对整个创新体系必须心中有数，对大体系心中有数、对大进展心中有数、对大的资源配置心中有数、对未来的成果心中有数，千军万马一盘棋。通过不同的创新主体和方式，要把全员动员起来，全员在这里面扮演不同的角色，而且不同角色的目标是一致的，不能各干各的，要有协同、有管理、有资源支持。

第六，门径式管理。研发做到哪儿、有什么困难、有什么风险、需要什么样的支持，是什么因素不断地激励创新，技能也好、能力也好，如何让一个好的想法变成现实，就要用门径管理的方法，从上到下管理好我们的研发过程。研发不是巧合性的，它是战略性的，是与运营系统有机结合的、整个管理过程的一部分，不是或有或无，而是高通量、在整体上讲是必然要发生的。不断做研发，而且符合市场需求，在这个过程中必然出现新产品、出现新东西。要最终在整个公司建成这样一个管理系统。

希望各职能部门、各事业部要共同努力，在 2019 年、2020 年，让公司真正变成一个 HIM，我们的研发真正变成一个看得见摸得着的东西，是相对可预测、可管理的，与公司发展战略吻合，这样中化才能成为一个真正的创新型企业。

（2019 年 4 月）

> 最伟大的科学就是发明了新物质。

万物皆由人

今天本来是要讲商业，题目都已经定好，但实际上今天的我离商业比较远。我现在和大家说商业，只能回顾华润 20 多年前的一点历史。讲购物城，有些朋友肯定比我清楚得多，我只能就当时为什么搞商城、为什么搞商业、为什么做这个品牌的思路，放在 20 年甚至更长远的时间维度去分析，在这一块上，我是有话可讲的。

当时华润刚刚买了万科，万科就深圳的一块地做了一份可研报告，说完成这个项目可以挣 6 个亿。在 1998 年、1999 年，6 亿元已经是很多钱了。这个项目对当时深圳的发展、中国的发展，特别是对于深圳消费的推动和城市的定位有一定的作用。当时整个深圳只有一条老街承担商业功能，我记得这个商场快建完的时候，刚刚开始招商，商场按照规划建好，但是务实的广东人能否欣赏就不好说了。当时大约七八岁的女儿问我知不知道深圳要建一个有溜冰场的商场，我问她怎么知道的，她回答说是同学讲的。我心想这个可以呀，连小学生都知道了。

我今天想说人的问题。社会走到今天，出现了新的生活方式、生活态度以及生活环境的要求，这些要求就催生了商业。当时在上海，浦东的时代广场、八佰伴最火的时候也都想过要建购物中心，但是没有搞。那个时候浦东的房子每平方米 1500 元，没有人买。今天回过头去看这个事情，我觉得所有的东西都是来自当时的城市、人口和经济的综合发展。我们在做商业的时候，却往往更多地关注了地理位置、体量和定位。我想强调的是，如果今天说商业的话，我想说如何从人和社会层面看商业。所以我今天在飞机上临时改了题目，叫"万物皆由人"。

从人口和人性洞察商业

我们很多时候，不管是考虑一个问题也好，还是谈论企业管理也好，都没有特别注重从人的角度去分析问题。比如我们要考虑科学至上、研发创新，不管怎么去改体制、搞营销、搞品牌，我们都基于一个假设，这个假设就是有"人"，有好人，有能人，有肯干的人。如果没有这个基础的话，说其他再多的东西都是没有用的。我们往往把"人"给漏掉了。

我查了一下"人"字，在输入法的汉字使用频率里它排在第七位，而前面几个大部分都是介词。就名词来讲，除了"我"以外就是"人"了，我们在表达中用得最多的词第一个是"我"，第二个就是"人"，可见我们思维中对"人"的概念占比是很重的。我觉得对人性的理解基本上是你能科学理解所有人的起点，如果没有这个起点，做出的政策和号召往往会有一点与人性相逆，容易造成"我一定要去号召、要去惩罚"的现象，总是不得要领；反过来讲，例如当年邓小平说改革开放是一部分人先富起来，不用再说多了，自然就将中国人调动和发动了起来。因此，我们应该顺着人性去做规则，而非逆着人性去做。

我们有很多对于人的问题理解不清晰的地方。比如个体与群体的关系不容易界定，中国是一个群体组织的模式，从古至今都是这样的思维方式，但是对个体和群体的关系界定比较模糊。再如对精神和物质之间的关系也不太容易界定。这些都会影响我们对事情的理解。例如，当我们要做一个品牌，品牌虽然是精神性的东西，肯定不是仅凭广告就可以做得出来的，但我们看到有很多花了高价去做广告、做推广的品牌，有极大可能会在短时间之内影响了相对不是很成熟的消费者的心理。但是这个东西成本很高，而且不可持续，而品牌的精神性、品牌的崇高性、品牌自身带来的对于事物的定位以及对人类精神的追求是第一位的，它会进行自我传播。

我们有战略、有产品、有商品、有渠道、有价格，但最大的难处是均好性，就是把所有的东西均好地放在一起，有一个错误都不行，这就是商业的难处，也是品牌的难处。很多企业发展到最后，产品不太好，出现了很多问题。中国的很多企业为什么销量不好，很多时候会说是因为推广不好、广告不好或销售人员不努力，其实他们不知道产品本身是有问题的。我说过，好产品会说话，好产品自己会走路，好产品是不需要宣传的。如果品牌本身没有带着一种精神性的话，是不能成功的。

我今天讲到人的层面，我们对人的分析在商业来讲应该放在第一位。如果你进入一个新的城市，肯定先看地、看项目、看地价，又或者看有多少商场和竞争对手，谁把这个城市真正摸清楚了，谁把这个城市真正的人口、收入、职业、性别、习惯等全部摸清摸透，才算好。我觉得从我们来讲，对人的理解是不够的。

未来的几十年，人口问题会变成中国甚至全世界经济发展最重要的问题。目前全世界号称70亿人口，到2050年可能会达到90亿，几乎对所有国家经济变化影响最大的是人口，而不是经济政策，也不是科技发展，更不是所谓生产问题。日本是非常典型的例子。日本有几本书，《低欲望社会》《格差社会》等，提到日本人口连续10年减少，今后人口减少的速度还会加快，这样算的话，也许几百年以后日本就只有1个人了，人口的变化使得整个劳动市场和消费市场都变了，有500万宅男不出门、基本上不工作、不参与竞争以及没有欲望了。相反，60岁以上的人打两份工，欧洲更是这样的情况。

过去在美国蓝领工人就能过上中产阶级的生活，但现在他们很多职业在国际化的过程中被其他的劳动力市场所代替，他们自身没有提升和进步。其实国内也是这样，比如东北。我最近去了沈阳两次，听说东北经济增长有一点变缓，我认为其中很大的原因是人口变化，因为很多人跑到上海、深圳这些地方，而且都是受过教育的年轻人。而人口的变化，就会影响到商业，这是第一个。

第二，在一个社会里，一个人在企业退休了，可以去做教授就是社会的进步，当然他也可以去做企业的管理人员，也可以去政府，只有这样流动起来社会才比较和谐。现在有一门课叫作心理学解读大历史，从天体物理讲起，从宇宙诞生讲起，讲到人的诞生和人性的随之而生。为什么讲这个，因为将它串起来你会有一个豁然开朗的感觉。我发现里面最有意思的事情是，原来所有的遗传里面都有一个因素，就是传承和繁衍，否则就没有今天。这是基因带来的东西，它是客观存在的。如果没有繁衍的话，有没有后代无所谓，那这个社会就不能发展。

同时，人本身也有很多创造性的东西。为什么创造？这也是由繁衍带来的，每个人都希望创造好的生活环境，都希望自己的家庭和子女得到好的发展，这并不能说是自私的，我们从这里能理解人性。但是人类也产生了很多集体主义，比如互助、善良的情怀，只是这些大部分都是后天培养的，是通过社会的教育习得的。其实说到底这个行为也是自利的，因为它要保护这个群体或者是要通过这种行为在群体里面间接地获得利益。我们必须要认识到这一点，人性就是如此。

英国一位生物学家在观察海边群鸟时发现，鸟窝里面有五六只小鸟，来了一只老鹰捕食，有一类鸟就很无私，一定会有一只鸟先出来，装作飞往另一个方向，实则是将老鹰引开，解救其他同伴，这是鸟的本性里面不一样的东西。这种行为是怎么样产生的还是个未知话题，但是这类鸟繁衍很慢，而且群体很小，正是因为不自私所以导致它们很难繁衍。这也是今天要面对的现实。这些也都可以放在商业里面来思考。

人类的第一个特点是繁衍，第二个则是进化和适应。达尔文有著作《进化论》，也有人讲社会达尔文主义，这里面也有人类的特点，人是会不断地进步、进化的。同样，我们的商业也不可能是一蹴而就的，更不可能静止不动，必须是进步的，其中所有的技术进步、物质进步、思想进步都是由人类的进化特点带来的，否则就没有今天的发展。因为有时间的因素才使得人类有了意义。有人认为延长寿命甚至长生不老是梦寐以求的，但其实人类的生命之所以有意义是因为其是短暂的，有时间限度。如果生命没有时间性，就没有了意义。人一定要在某个时间内去完成一个事情，人生就变得有意义。时间是比较公平的，为什么说公平呢？不管你这一生过得怎么样，最终一定回到自然里面，因此很公平。

进化和适应改变了环境，同时也可以创新、创造。当然每一个人创造生活、创新生活，最终欲望都是繁衍和将生命延长。自己不能延长，可以用繁衍的另一个载体去延长，这是人类基因里面的东西。

而且人类最大的特点是可以创造新的物质，创造地球上没有的东西。过去我们种粮食、养一个牲畜都是原有的东西；今天我们身上穿的衣服、用的东西都是以前地球上没有的东西，都是合成的。最伟大的科学就是发明了新物质。

再来看我们今天的商业，和10年前、20年前相比是大大不同的。所以，为什么要将人类社会串联起来看呢？原来，从所谓天体来看、从起源来看，都可以看到人类学、生物学、考古学，最后还可以将哲学、行为学、管理学、商业零售、商业物业等都串联起来。原来这些规律并不是可以随便篡改的。

我们以为我们很聪明，我们以为我们很自由，但我们发现原来亿年前的最早的菌群就带着人类的基因。这就像尼采说的，人类本来和动物没有区别，只是因为人类长了大脑就自以为很高明。所以我们在幻觉中不断地再去幻觉，把自己都欺骗了。这样的话，再来考虑我们的商场应该怎么定位，可能会有一点启发。

第三，对人的洞察。对人的深刻洞察与商业的结合就是好商业，指的是对人口的商业洞察、对人性的洞察就是好商业。之所以这个商场不好了，肯定是洞察不够。最近北京很多著名的百货公司关门了，比如说赛特、贵友等，报纸上都有报道，说是停业之前大甩卖。为什么呢？因为它们20年都没有改变，没有洞察，它们以为只可以减价，或者是将质量不好的货品调整一下就可以了，没想到越调整越不行，因为社会潮流浩浩荡荡就走过来了，而它们缺乏敏锐的洞察力。社会的变化非常大，旧模式容易被新事物所替代和冲击，没有变化肯定不行。

现在的中产阶级是什么样的生活方式？"90后"又是什么样的生活方式？人口数量、人类欲望、人类生活全都变了，这里面如果只看物不看人，如果仅仅是根据一般的商业，原来的做法肯定是不行的。相反应该是通过看"物"去引领。这里面有很多的分析，包括对人群的分类，我觉得从一个商业角度来讲，可能首先可以产生一个模型，这个模型一定是对人类群体分析的模型，然后再把它转化到商业上去。这里面可以分贫富、职业、种族、男女、老幼，也可以分城乡、中外、文化、习惯、教育、宗教等，彻底把这片区域的人口做一个模型出来，这个模型就是商业的。因为现在大数据很多，这个模型是可以做到的。做了以后你就可以对商业进行定位或采取下一步的做法，这是一个相对来讲较有架构性的东西。并不是说"人"就不起作用了，人还是要做判断的，但是可以说这个模型相当于一个大的骨架式的东西。

我记得当时华润开超市之前去调研，要求调研人员去访问家庭，打开他们的冰箱看看里面放的什么东西，有什么样的消费习惯，这个区域是什么样的消费习惯，调研后可以初步预估大致开几家、开多大、卖什么，相对也是比较准确的，虽然不能做到完全精确，但是最起码没有犯很大的错误。这样来讲的话，从对人的所有层面的了解，一直到最后对社会、对人口、对大的消费趋势、对城市里面所有人群的分析是我们今天最重要的事情。这个从决策来讲是最有依据的东西，过去我们没有找准人群，我觉得这是很重要的东西。

对商业的展望

我对商业的未来做一个展望，因为我不在行业里面，仅供讨论。

第一个展望是，未来基于精准人口分析大数据的商业模型很快出现。我前天和平安集团的朋友聊天，我非常吃惊地发现原来平安投了很多钱到人工智能上。其中有几项让我印象深刻，一个是法院的，就是录入几百万个条文，这些条文让一个法官学完是不可能的，现在就在电脑上读完了，然后通过判定逻辑提炼出来，如果遇到一个新的案子就把这案子摘要的要素输入进去，一秒就可以判出来了，这个逻辑在不断优化。他说以后判案不是机器判，也还是必须人判，但机器是充当辅助，如果法官和机器判得一样就基本不需要审了；如果法官和机器判得不一样，将会再审，并且他们目前也还在继续优化这个软件。另外一个是医学的诊断，用各种大数据作为辅助。

对商业来讲，我觉得这种数据也会很快出来，以后如果我们这里有人可以发明这个模型出来，你就是一个咨询公司，比如可以在上海开多少家公司、卖什么东西好，我觉得这在未来一定会发生。

第二个展望是，未来所有商业的主题一定更鲜明，百货公司的概念会慢慢消失。为什么有一些商业活得比较好，就是因为主题鲜明，因为服务的客户主题鲜明。我们的商业不是认为就是逛街买东西，我们拿出来的就是一个产品，是要有自己定位的，有没有人买账很重要。

北京王府井刚刚开了一个置地中环，虽然它的规模不是很大，但是定位的层次并非一般人，整个建筑材料用的是最好的，特别是厕所，一改所有商场的弊端，它的厕所比五星级酒店还要好。我去了深有体会，让我想到英国老牌百货公司的厕所，里面有一个大型化妆间。为什么要这样呢？因为人们的生活水平提高了，这是人口消费水平在提高的一个过程。

第三个展望是，线上线下更融合。现在线上线下的矛盾比以前有所好转。我觉得未来商业会被分成两类：一类是大型的最好的，一类是最方便的，中间的不会再有。以后的商业，我觉得位置可以更远，现在有轨道交通，不需要一定在市中心，这是未来的趋势。还有就是超出购物中心的功能，以后会有扩展功能更多的商业。

第四个展望是，未来城市规划会对商业更友好。过去城市规划对商业规划是不友好的，城市规划得也不够充分，可能给了最早做商业的人一些机会，同时也带来一些困难，未来的城市会规划得更好。另外，我期望能看到在郊区有超大型的涵盖娱乐、教育、健身、社交、购物、餐饮等所有项目的超大型商业。这个地方可以没有人，不一定是居住地，它完全是一个目的性质的商业。我估计以后应该会出现这类型的商业。

第五个展望是，商业的资产回报率会逐步提升，这个现在已经出现。真正好商业的供应是不够的，资产回报率一定要慢慢提升，一定会提升到不比买一个房子的长远回报率差。而这个过程欧美已经走过，中国香港有一段时间商业的投资也要好于住宅，可见这个过程也会随着人类水平的提高，社会水平的发展，特别是规划的发展、人类生活的多样性而产生。

最后一个也是预测，未来会出现真正影响、引领、启蒙人们消费习惯和生活方式的标杆商业公司。我觉得未来不想真正做好、不想真正做大的人是没有机会的。未来一定是好的团队、好的品牌、大的规模，相互协同，相互统一。未来能做好的公司必定是对商业理解比较深，对人类生活影响比较大，带来新的生活方式，推动新的生活方式，而且引领了消费潮流的，而不仅仅是一个商品售卖式的，还是一个文化生活式的，也可以说是一个启蒙式的，并且将逐步带来一些新的生活方式，被人们所接受。我想，这样的公司未来全中国不会超过十家，越做越领先，再过三年这个距离就拉开了。

我希望今天在场的几家公司在五年以后，面临大的格局变化能够继续引领趋势，而且保持强大的竞争力，特别是要洞察社会的变化，洞察人口消费的变化，引领消费习惯和文化习惯。这才是一个好的商业化的公司。

（2019年7月）

> 好的企业就是要勇于探索，不断打破成见、突破自身、找到新的增长点，否则它就缺少生机活力。

MAP 战略

我就企业创新发展、商业模式创新，做强做大农业主业的责任感使命感等内容，分享以下几点个人体会。

首先，中化农业必须坚持走创新发展之路。企业靠什么不断进步，能不能有创新性的业务、新的商业模式不断涌现出来，确实需要深入研究。企业愿意用多大的精力、耐心、资源，培育一个新的商业模式，特别是对需要不断持续成长的公司来讲，进行像 MAP（Modern Agricultural Platform，现代农业平台）这样的探索，面临很大的挑战。但企业的生命力，就体现在它不断创新探索、转型发展的过程之中。如果没有中化前辈们不断开拓出地产、金融以及其他各类业务，今天的中化可能就只剩下原油贸易业务。今天的中化也是过去经过历代中化人不断探索开拓新的业务才一步步走过来的。这取决于我们有没有眼界、勇气、胆量和能力去做一些事情。好的企业就是要勇于探索，不断打破成见、突破自身、找到新的增长点，否则它就缺少生机活力。MAP 战略推行到今天有两三年时间，取得了不错进展。MAP 业务在五年后相信它应该已经发展成为一个可持续的、不可替代的业务，如果我们不从现在就开始布局，到时候再去做就困难了。创新型业务、商业模式在起步阶段都是艰难的，需要勇气、能力，需要吃苦。我相信 MAP 能够沿着创新发展的道路坚定不移地走下去。

其次，必须要对 MAP 商业模式不断进行创新优化。商业模式如何才能提炼成功？从对 MAP 这两年多的观察来看，感觉它的商业模式是在不断优化，越来越符合实际、接地气了。它整合了农业业务尤其是上游投入品的很多资源，包括金融服务业以及与金茂的合作。做到今天实际上 MAP 模式已经很复杂了，管理这么复杂的系统很不容易，应该不断优化，包括技术都需要继续提升，直至可复制、模式化，最终打造成商业上非常成功的模式。需要我们多给点时间，多予以支持和信任，还要多增加投入。

最后，要增强发展壮大农业主业的责任感和使命感。推广 MAP 模式，包括提高 SAS（统计分析系统）的协同，大力实施乡村振兴战略，推动中国农业发展，是中化集团使命所在。用科学的方法、科学的技术、科学的机械、科学的管理高效地把好的农产品生产出来，就是推进农业农村的供给侧结构性改革。MAP 战略提出"种出好品质，卖出好价钱"的理念，不仅是科学种田，还指导帮助农民做生态、环保，减水减肥减药，增加土壤的有机质，这就不仅是一种商业模式了。MAP 战略既包含了科学技术的创新，也包含了商业模式的创新，符合中国实际，尤其是契合了当前中国农村的现实。中国农村已迎来了大转型，这个大转型把我们推到了振兴中国农业、为中国农业提供科学技术的崇高使命和战略层面上，赋予了 MAP 战略很强的生命力，这与国家对中化的要求，尤其是做强做大农业主业的要求，与乡村振兴战略以及我们自身发展需要高度吻合。MAP 战略实施以来，在提升集团企业形象、彰显社会责任等方面发挥了很好的作用。希望 MAP 模式不断优化和完善，在彰显社会效益的同时提升经济效益，为新时代中国农业转型发展探索出一个正确的、可复制的、方向性的模式。

（2019 年 10 月）

> 改变中国农业的种植方式，就是改变中国农业的组织方式；改变中国农业的组织方式，就是改变中国农民的生活方式，进而从真正意义上重建中国乡村。

新农业

每一代农业都给人不同的感受。1975年至1977年，我在农村插队。那时候，村里条件很艰苦，没有拖拉机，也没有通电，晚上就点煤油灯。有人问我，插队时印象最深刻的是什么？其实，我并不感觉艰苦或痛苦，但有些场景终身难忘。

第一个是关于热的记忆。那是一个初春的夜晚，春寒料峭。正值灌溉农田的时节，各村轮流引水灌溉，每个村只有24小时的时间。这天轮到我插队所在的村，晚上正好是我值班。我的工作是切换水渠通路开口，以灌溉到不同的田地里。可能是太过疲倦，夜里我竟躺在地里睡着了。后半夜，我被冻醒，发现自己泡在水里。原来，因为没有及时改换水渠通路，这块田被水淹了。我湿漉漉地站起来，望见一轮明月高挂天空，情景至今难忘。趁着月色，我跑到一座小房子里生了一堆火。天冷不敢脱下湿衣服，只能穿在身上烤干，篝火烤得我浑身冒热气。

第二个是关于凉的记忆。地里的高粱、玉米都长到一人多高了，这时候要锄草。不仅除掉杂草，同时也保持土地松软。庄稼地里不通风，非常闷热。从田地这头锄到那头，从庄稼包围中出来的那一刻，即便没有风，凉爽的感觉也会油然而生。

这些场景，发生在我16岁插队的时候。一晃40多年过去，饿肚子的时代已经远去，中国农业如今早已脱离落后的生产方式，有了不同以往的灌溉技术，可能也不再需要锄草。于是，我又想，时代飞速发展，引领中国未来的新农业将是怎样一番天地呢？我们又能做些什么？

今天，我们会用到最好的农业技术，这个技术超出一般的机械技术，它融合了生物技术、人工智能等各领域综合科技。正是这些技术引导中国农业转型和农民种植方式改变，在"种出好品质、卖出好价钱"的同时，让农民增产增收，让农业公司持续发展。

今天，我们拥有了MAP这一创新的商业模式，它在中国刚刚萌芽。在全球范围内，有人实验过，也有人成功过，但国外没有跟中国完全一样的情况。对于我们来说，这是一个任务，也是机会，更是使命。如果中化农业MAP模式发展得好，它对社会的贡献要远远超出一个商业计划的范畴。当然，这需要经历艰辛的努力。

今天，我们还拥有具有巨大潜力的中国市场。最近，先正达集团成立，受到社会广泛关注和支持。先正达85%的资产在海外，但其未来60%的成长一定在中国。世界其他市场已经相对成熟，只有中国市场还蕴藏着巨大的潜力，而且这个潜力远远没有被激发出来。

在这样的新形势下，我们正在创造一家历史性的公司。无论是中化农业，还是先正达集团，无论是植保、化肥、种子，还是新型种植技术，我们都在努力改变中国农业的种植方式。而改变中国农业的种植方式，就是改变中国农业的组织方式；改变中国农业的组织方式，就是改变中国农民的生活方式，进而从真正意义上重建中国乡村。

习近平总书记强调，培养造就一支懂农业、爱农村、爱农民的"三农"工作队伍。我们的使命正在于此，要引领中国农业发展、助力中国农业转型。这个理想如此崇高，而且离我们如此之近。打造中国的新农业，我们正在经历这个过程，而且才刚刚开始。

（2019年12月）

> 我们需要为了获取一定的市场、技术、原材料而"走出去",但在某种程度上,企业在自己国家内投资更应该被鼓励。

国际化的挑战与未来

当下外部环境变化非常快,国际化面临的挑战是显而易见的,国外谈论国际化和世界经济一体化的人越来越少了,很多人有意无意地被迫成为民族主义者、民粹主义者甚至包括一定程度上的种族主义者,这些都不禁让人感叹人类对自然探索的进步突飞猛进,而对人类自身的社会却如此无能为力。

但是,我们对国际化也不用太担心。实际上,即便没有中美贸易争端和新冠疫情,全球产业链已经在以很快的速度开始重构和升级了,只是现在的进程进一步加快了。中国不是一个资本输出型的国家,特别是如今的情况下,中国企业很难有大面积真正的"走出去",包括资本、技术、管理等。我们需要为了获取一定市场、技术、原材料而"走出去",但在某种程度上,企业在自己国家内投资更应该被鼓励,特别是中国有着如此庞大的国内市场和消费潜力。

当下有些概念是错误的、容易被混淆的。有些人说,中国资金充裕,所以一定要"走出去"进行投资,这种说法很容易产生误导作用,可能有一部分中国人富裕了,但是还有很多中国人并不富裕。有些时候我们被算法误导了。比如,中国的GDP全球第二了,可是GDP这一"不求所有但求所在"的概念是有一定误导作用的，实际上我们的 GNP（国民生产总值）和人均收入还有很大的提升空间，中国企业有机会、有责任在弥补这个差距的过程中贡献力量。

此外，还有一些在与国际接轨观念上的误导。比如，贸易顺差比逆差好吗？人民币贬值还是升值好？个人储蓄多、国家外汇储备多好吗？中美贸易争端中谁受益了？过去几十年走过来，实际上中国在国际化中更多的是争取到一个勤劳、辛苦的工作机会，最大的受益方应该是美国。试想今天我们和美国调换一下，我们也外债很多、贸易逆差、全球投资，美国人到今天还是住全球最大的房子、开最大的汽车、消费最多的能源和最好的食物。

那么我们想，这个世界已经这么乱了，我们还需要国际化吗？对此也不必担心，如今国际化的主要争执起于某些国家出于一定政治目的发起的贸易争端，但企业并没有反对国际化和全球化。国际化是企业自身价值链、产业链发展的自然过程，产业化意味着效率提升、充分利用资源和使人们过上更好的生活，因此，这个阶段的"逆全球化"只是暂时的，国际化、产业链是不会简简单单消失的，各自封闭是不可能的，人类不会那么愚蠢，经济也不会那么萎缩，企业也不会那么无能。国际化的真正推动力来自企业，就在最近，可口可乐在中国布局的第 20 个工厂在贵州动工建设，耐克、宝洁、星巴克、ADM 粮食公司等很多企业在美国以外的经营比例都超过 50%。我们要相信商业的力量，中国也最具发展潜力。

在一场危机来临之前，人类往往容易忽视它，危机发生之后，又会过度地忧虑，从一开始不太认识情况到后来感觉过度害怕了，目前全球很大程度上都处于这个状况。危机所消灭的是本来就应该被消灭的东西，新冠疫情加速驱动了数字化、远程化、人工智能的生产和发展。比如远程会议，在确保工作效果的同时，显著提高了工作效率。

中国"以国内大循环为主体、国内国际双循环相互促进的新发展格局"是有利于民生的，未来中国的国际化和扩大内需成果主要表现在改善民生上，是以提升人民生活水平为目的。未来我们最希望看到的国际化不单单是企业的国际化，而是中国国际地位的不断提高，中国的语言、资本、护照、教育等在国际上有着更广的使用范围，这个过程是很长的，我们要加倍努力。

（2020年9月）

> 面对国际"逆全球化"压力，我们唯有拥抱变局，紧抓国内经济全面升级的大好机遇，……通过打造全新的数字环境，建立数字文化，高标准地扎实推进，实现新中化的高质量新发展。

推进"线上中化"战略，助力打造世界一流企业

加快数字化发展，发展数字经济，不断加快数字产业化和产业数字化，推动数字经济和实体经济深度融合，已经成为全球经济发展的重要趋势。政府大量出台支持政策，国务院国资委专门印发《关于加快推进国有企业数字化转型工作的通知》，为企业数字化工作开展指明了方向。

数字化会产生新的生产力、新的贸易方式、新的公司组织管理方式，这对正在面临重大环境变化的中化集团来说是一个非常好的发展契机，也是推动企业创新发展、提升核心竞争力的重要途径，为此，中化集团提出了"线上中化"战略，大力推动数字化转型工作，旨在以数字化方式赋能企业高质量发展，推动公司向世界一流行业迈进。

数字化是提升企业核心竞争力的重要途径

2020年，新冠疫情的发生让我们进一步领略到了数字经济不断攀升的重要性。在数字经济领域，我们已经看到了很多人工智能、

数字化应用等方面的成果。在此基础上，疫情再次快速推动数字化的发展。如果没有数字化的通信、贸易方式和人工智能，目前的经济运作将受很大影响，数字经济领域相关公司的股票和业务也都实现了很好的增长，数字化成为提升企业核心竞争力的重要途径和必然选择。

当前，中化集团与中国化工集团正在稳步推进重组整合，我们的目标是全面转型为科学技术驱动的创新型企业，以"科学至上"为核心价值理念，打造科技驱动的具有全球竞争力的创新型企业和世界一流的综合性化工企业。

两化重组后体量规模和专业性都会有较大改变，我们需要重点关注如何提高发展质量、创造新的商业模式、拥有更领先的科学技术、生产更具科技含量的新产品、获得更持续的利润回报以及提升整体竞争优势做大做强中国化工产业。未来两化在行业定位、业务内涵、内部协同、外部连接、价值创造等方方面面都将经历由量变到质变的过程，迫切需要加快数字化转型，应用数字化技术打造全新的客户能力、组织能力、技术能力、创新能力、生态能力等新型能力，按照企业价值管理四要素模型，围绕"客户、股东、员工、社会"重塑企业价值体系，推动企业核心竞争力的提升。

确立"线上中化"战略，引领公司全面数字化转型

2018年4月，我在《科学至上——In Science We Trust：关于中化集团全面转型为科学技术驱动的创新平台公司的报告》中，就转型创新做了全面阐述，其中把"互联网＋数字化改造"列为首要战略选择。2020年5月，面对疫情冲击以及"逆全球化"趋势，我提出要在所有行业升级产业的同时，建设"线上中化"，通过数字化、智能力、线上信息化的管理促进中化集团管理整体升级和业务创新转型，打造新中化集团的神经中枢，开拓新的发展模式。

我们以"线上中化"命名中化集团的数字化转型战略，我认为"线上中化""数字中化""智能中化"，这是与任何其他业务战略和

管理方法完全同等重要的战略，也是技术方式，未来中化集团重要的管理方式和业务发展方式就是数字化，不是简单的信息传递，而是全面的数字化公司，包括公司运营的所有环节，需要紧跟技术的发展趋势，持续坚持扎实推进。

建设"线上中化"，实施公司数字化转型的核心是建设全面的数字化公司，打造全在线、全连接、全协同的数字化环境，通过数字化和智能化的方式重塑组织关系和生产经营方式，重构客户服务和产品创新能力，培育新的核心竞争力，起到提升经营效率、改造落后产业、创新发展模式等作用，同时构建强大的数字生态系统。企业在这个生态系统中，一方面实现经营管理流程和人、财、物等资源的优化整合；另一方面，与社会、客户、股东等外部资源更加紧密地连接在一起，为更大范围的协同协作创新创造条件。

大力推动数字化创新，打造行业标杆典范

中化集团成立至今已走过整整 70 年，从传统贸易转向实业，成为一家多元化的投资控股企业，拥有能源、化工、农业、地产、金融五大业务板块。现在我们要全面向创新型的数字化企业转型，相比专业化企业，在转型基础、路径、方法、能力等方面遇到的难度和挑战会更大，可供我们参考的解决方案和转型案例不多，在很多领域，我们必须勇于创新，要不断地开拓视野，锻炼敏锐的战略洞察力，坚持坦诚务实踏实的工作作风，走出中化特色的数字化转型创新之路。

近年来，中化集团加大数字化创新引导和投入力度，集团总部和各业务板块在各自领域进行探索和实践，取得了明显成效，尤其是在疫情肆虐之下，数字化转型成果更是凸显了强大的生长力量。

统筹管理、上下联动，打造集团数字化"新基建"

中化集团重点从顶层设计、工作组织、基础建设和能力培养方面狠下功夫。一是建立数字化战略体系，将数字化提升至集团战略，

持续开展顶层设计；二是完善工作组织，集团层面建立一把手领导的网信工作领导小组，设立专职工作组织，设立专业的信息技术服务公司；三是推动基础管理工程，加强新型基础设施建设，夯实数字化基础，提升集团数字化承载能力；四是加强IT人才队伍建设，加强员工数字化能力培养的同时，不断引入优秀专业人才。

经过努力，我们的数字化转型效果逐步显现，比如全集团使用统一的移动办公平台"化小易"、便捷的大数据平台"化视界"等，为日常工作提供了很多帮助，特别是面对新冠疫情，更是发挥了重要作用。疫情发生后，中化集团数字化团队仅用24小时完成疫情防控系统开发和上线，3天就将系统使用范围覆盖至境内外所有员工及承包商，为集团做好"全员覆盖，精准防控"提供了重要支撑。复产复工阶段，无论是远程办公，还是线上业务交易，都经受住了环境变化的考验，为集团完成年度目标发挥了重要作用。2020年8月，"中化集团疫情防控信息综合管理解决方案"被工业和信息化部纳入"支撑疫情防控和复工复产工业互联网平台解决方案入围名单"。

充分授权、激发活力，面向行业创立标杆典范

中化集团各大业务板块结合各自行业特点，积极应用数字化技术开展升级改造、创新业务模式等探索，取得了很好的成效。

（1）70年初心不改，服务"三农"创出新模式。

中化集团深耕农业领域近70载，是国内最早开展互联网+探索的农业公司之一，从2017年开始，中化农业在全国范围推广数字化创新的MAP现代农业综合服务模式，以"种出好品质，卖出好价钱"为核心理念，建立了O2O2C线上、线下协同模式，开发了强大的农业大数据系统，搭建了一二三产业融合发展的现代农业综合服务平台，通过MAP平台汇聚优势资源，为农户提供地块管理、精准气象、精准种植、病虫害预警、农场管理、农事建议和农技培训等高效服务，让种植从"靠天吃饭"变为"知天而作"。

MAP平台目前已为全国约8000万亩耕地和100万农户提供了

服务，实现了农业产业链价值提升和种植者效益提高，引领了我国现代农业服务和农业数字化创新发展，为中国农业高质量发展和农业现代化做出贡献。

（2）聚焦能源化工，推动数字技术深融合。

中化集团能源板块对内强化管理，以销售业务为试点，打造了统一的业务管理平台，实现了包含商务执行、客户管理、经营计划、价格管理、财务管理等所有主要流程在内的贸易业务的一体化、线上化运作；对外转型升级，打造了化工品线上交易平台——壹化网，实现了获客、交易、配送等交易环节的全过程在线化、数字化运营；研发了"66云链"平台，应用区块链技术打造能源化工生态圈，在业内引起了较大反响。

中化集团化工板块致力于"打造创新型数字化精细化工企业"，基于工业互联网平台打造的创新型智慧工厂、智慧园区已初见雏形，旗下扬农集团、圣奥化学等以智能制造为主线，通过一系列的数字化转型升级项目，作业自动化水平、安全环保水平、质检效率、盘点效率、统计效率等整体工厂运作水平均有大幅提升。

（3）破传统业务边界，立地产金融数字化新典范。

中化集团地产板块长期专注于科技赋能产品创新和经营提效。公司自2009年广渠金茂府项目开始，对新技术进行了持续研发和迭代，基于离子瀑、毛细管网、地源热泵等技术，形成以"绿色科技"为核心的金茂府"十二大科技系统"。正在构建面向客户的统一客户服务平台和统一智慧物联接入平台。平台将突破传统地产产品边界，与金茂智慧园区、智能家居应用场景相结合，为客户提供统一的线上线下融合、高品质的生活体验。

中化集团金融板块坚持"智慧金融、一圈一链、服务产业"的ICI战略定位，大力推进数字化转型。将数字化技术广泛应用于信用评审、反欺诈、量化交易、精准营销等领域，打造了"链金坊、典金仓、融金池"等系列供应链金融产品，有效提升了企业的核心竞争力。

拥抱变局，扎实推进，推动数字化再升级

当前国际环境风云变幻，"逆全球化"愈演愈烈，自中美贸易摩擦开始，加上疫情和美国选举的叠加影响，给中国的企业界上了多年以来我们都意想不到的一堂课，让我们更深刻地感受到百年未有之大变局，未来我们不可避免地需要面临更大的压力和挑战。

面对国际"逆全球化"压力，我们唯有拥抱变局，紧抓国内经济全面升级的大好机遇，充分利用 5G、大数据、区块链、人工智能、物联网等新一代信息技术，只争朝夕，用更强的责任感、更大的努力、更强的创新意识，应用更先进的科学技术打造更强的竞争优势。我们希望数字化转型能够成为中化集团的战略助手、创新旗手、管理抓手和业务推手，通过打造全新的数字环境，建立数字文化，高标准地扎实推进，实现新中化的高质量新发展。

未来已来、将至已至。我们身处全社会的数字化转型大潮中，既有大展宏图的舞台，也必将担负更多的责任和使命。我们要保持头脑清晰，坚决贯彻习近平总书记关于推动数字经济和实体经济融合发展的重要指示精神，把握好实现长远目标和做好当前工作的关系，制定切实可行的实施方案；要保持战略定力，坚决贯彻落实党中央、国务院有关决策部署，调动和运用内外部一切积极因素和优质资源，落实好既定任务，加快推进数字化转型，真正打造成为具有核心竞争力的世界一流的综合性化工企业。

（2021 年 1 月）

> 国家该怎么做、外贸该怎么做、外资该怎么做、外交该怎么做。但实际上，最终全落在企业竞争上。

中国企业下一程

去县城待着也是国际化竞争

国与国之间的政治、经济对抗与竞争，让所有政府都在想，国家该怎么做、外贸该怎么做、外资该怎么做、外交该怎么做。但实际上，最终全落在企业竞争上，没有离开企业的所谓外贸关系、外资关系、外交关系。

经过这么多年发展后，中国企业几乎没有意识到，一夜之间，每个企业都变成了国际化企业。"中国企业下一程"这个题目出起来容易，但是答起来是没有答案的。我只能把中国企业未来的国际化竞争问题，以自己的体会，简单说一说。

突然之间所有企业来到了中国竞争，不需要去国外投资，不需要去国外做外贸，什么都不需要。你在上海待着，去县城里待着，都是国际化竞争。

我参加过一个会议，这个会专门讲外资。他们讲，2020年美国所接受的外国直接投资下降了约40%以上，有1300多亿美元；流入中国的外资则有1600多亿美元，超过美国。

多年以来，美国接受外资都是比中国多的，突然之间，中国变成了世界第一。

当时他们问我为什么，我说我不讲为什么，只举一个例子就知道了——上海的特斯拉。当年特斯拉进来的时候，它在上海市得到了非常大的支持，一片绿灯，特斯拉工厂以全球最快的速度就建起来了。

这就是中国对所谓外资和外企的态度。中国人心大，中国人地大，中国人不在乎你来竞争。外资来了，中国企业面临的行业竞争就来了。

当时法国贸易部长也在，我问，如果在法国的话你们会怎么做？他说首先要评估一下这个企业进来以后，对法国企业的影响。

现在中国很多企业正在受到外资的竞争。在汽车市场，下游的电池、电机、电控、轮胎、玻璃等所有材料都带来竞争。

中化集团和中国化工供应的轮胎、油漆、高性能塑料也遭遇竞争，但同时也能感受到进步。比如，不光轮胎要做得好，轮胎要带传感器，还要收集地面的数据，并把数据送到汽车智能计算功能里，调整汽车驾驶和对地面反应的速度和力度。

现在看起来，再往前走，几乎所有行业都在进行长尾整合，企业个数在变少，慢慢形成几个大对手以后，基本上中国企业面对的行业竞争对手都是外资企业。

现在世界形势发生了大的变化，可以看出来，一切都在过程中。

全球化思维要跟上

我说的第一点是外资企业到了中国。

第二，中国企业到了国外，有很多并购就出去了。这是个很长的话题，就不说了。

第三，中国很多隐形企业看起来不是外资，但实际上也是外资。比如，几乎互联网企业所有的大股东都是外资。所以大家都在"大融合"的趋势下生存，特别是企业。

在这种环境下企业自身怎么做？说一点我自己的体会。

现在企业变成全球性企业，这个变化不是缓慢的过程，不是逐步培养的过程，而几乎是突然的过程。因此，我们的思维很难跟上。

过去的思维是中国企业、中国市场，最多是出口、引进外资、引进设备。但现在不同了，现在的产业链思维完全改变。

以前的产业链是，一开始中国提供相对低端的产品，国外带技术，中国有市场。

现在变化非常快。比如，中国公司收购了国外公司以后，产业链变成研发在中国、创新在中国，成本是中国成本、质量是世界一流的，出口到国际市场。

再比如协同。有上下游协同，也有国内国外协同，因为协同带来的产业链上下游价值提升，中化在公司内都会设立"协同奖"。

为什么中国的猪肉价格贵了？那就是养猪的少，饲料贵了。

为什么中国的饲料贵了？因为大豆贵了、玉米贵了。

为什么大豆玉米贵了？因为糖贵了。

为什么糖贵了？因为石油贵了。

石油贵了，影响到了猪肉。

目前全球的糖和燃料乙醇、石油是完全连在一起的，价格完全联动。产业链全连在一起，这是全球化以后面对的问题之一。

全球化团队是更复杂的事情。这个话题也很长，基于目前这几年的体会，团队的专业性、操守和工作的系统性我们还有很大的进步空间，但是忠诚度、爱国热情方面的工作我们还是做得很好。

董事会也一样，董事会里要讲级别、资历，都是现在面临的新挑战。如果你在那个国家有业务，是不是该请在那个国家、在这个行业里有影响的人物作为董事会的一员，但这个人可能不是你的朋友，也不是你们过去信任的人。董事会自身怎么运作？这也是目前中国企业面临的逐步适应的过程。

从文化来讲，全球化的思维方式我们还是差一点。老外似乎天然地国际化，有可以在世界到处走的勇气，而中国人出去比较拘谨一点，觉得是外国。

对中国企业参与国际竞争，我很有信心

最后我想讲一下怎么创建世界一流企业。目前，中国有非常好的企业，有非常好的独角兽企业、民营企业，也有很多很好的国有

企业改革，在国际上起到很好的竞争力。

目前，国际上的一些企业也出了一些问题。

GE是我们心目中殿堂级的企业，我去学习过。我当时带着很多人去学习，觉得这个企业不得了，永远不会犯错误，不论产品、战略定位、国际化还是技术研发都是爱迪生传统，根本是遥不可及的企业。

但现在大家都知道，它几乎要财务重组了，市值减了60%～70%，CEO换了三四轮了。一般的企业就算了，但财富500强里有50个企业家是从GE出来的，是在GE里工作过的，而GE现在变成了这样，很让人吃惊。

中国第四代企业家结合了中国人艰苦创业的精神，同时具备对西方企业制度的认识和崇高的理想，让他们成为很有潜力的企业家。

中国企业一路在进步，目前来讲，现在比较注重规模（营业规模、市场规模），却比较少说回报率规模、回报率质量，比较少说原创性技术研发。其实，未来我们需要更多科学、理性的全面国际对标。不光是对盈利、回报率、规模的对标，还要对标过程，包括员工、创新、新产品所占销售比例、周转速度、国际化程度、市场份额稳定程度。对标以后，财务指标是一个，还有各类技术指标，每个指标都对标。

这是中国下一步真正面对国际竞争、国际化企业对标的过程，我很有信心。

中国的进步改变了我对中国很多企业的看法。中国企业未来进步的潜力和中国企业未来会达到的高度，今天来看，确实和十年前是不一样的。

过去，我也觉得中国企业有很多问题，但现在就这么走过来了，我们这代人有幸参与其中。

（2021年5月）

> 我们的战略和业务从来没有像今天这样离国家需求这么近，这给我们带来很高的荣誉感、使命感，同时也要扛起责任、直面压力。

中国中化做对了什么

今年上半年，中国中化取得了很好的业绩，公司上下充满活力，呈现出奋进拼搏、积极向上的精神面貌，这对于一家正处于整合过程中的公司来说尤为不易。我们克服了企业合并中经常遇到的团队融合、产业整合、组织结构调整等挑战，实现业绩持续增长并再创历史新高，每一个中国中化人都深受鼓舞。

公司上半年优异成绩的取得，源于公司上下一心，有充满蓬勃朝气的各级企业，也有不断学习、不断调整支持业务发展的总部职能部门。我们的团队积极拥抱整合，在整个过程中表现出极强的创新精神、坚韧不拔的奋斗精神和积极向上的进取精神。

我们做对了什么

一是坚决贯彻落实以习近平同志为核心的党中央对公司整合发展的一系列指示批示精神。习近平总书记多次就两化重组和公司发展做出重要指示批示，让我们倍感责任重大、使命光荣。公司上下认真学习总书记的重要指示批示精神，并作为我们的理想抱负、职责使命，作为我们开展工作总的遵循和指引。今天，中国能不能出现世界一流的综合性化工企业？如何做好国有跨国集团？中国种业如何发展？这些正是我们需要回答和解决的问题。我们的战略和业务从来没有像今天这样离国家需求这么近，这给我们带来很高的荣誉感、使命感，同时也要扛起责任、直面压力，这一坚定的信念对公司上下齐心协力、整合协同起到了很大的促进作用。

二是始终坚持加强国企党的领导和党的建设、加强团队建设。党的建设、选人用人、评价体系构建等，在公司业务整合和组织架构调整过程中发挥了很大作用，营造了风清气正、公平公正、凝心聚力的环境和氛围。以党建凝聚人心、以公心用好干部，有效帮助两化团队之间快速消除隔阂，促进公司整合发展。

三是在整合过程中实现战略和产业升级。这点难能可贵。不同产业有不同的利润率，贸易的毛利率很低，工业领域稍高些，有技术含量的能达到10%；只有推出有附加值、别人无法代替的创新技术和产品，才能实现15%～20%的利润率。市场很公平，只奖励提供最有价值产品的企业。通过研发投入和努力，实现创新和产业升级，正是我们整合过程中努力的方向。

和世界一流化工企业相比，我们在技术积累等方面仍有一定差距。比如，我们还有许多基础化工类业务，受市场波动影响大。当然，基础化工也有高低档次，哪怕是最基础的化工品，我们也要做到最好，并通过管理和成本水平的提升来提高经济效益。我们要带动我国化工行业的产业升级，包括产品升级、安全生产升级、绿色发展升级，为行业带来正向力量，这也是党中央和人民群众对我们的要求和期待。

四是坚持科学至上、创新驱动发展。这是我们唯一的出路，也是永无止尽的过程。化学工业是探索物质世界的行业，它探索人和自然的交换，探索自然界的各类反应聚合，进而创造新物质，带来更美好的生活。对国内化工行业来说，大量高端新材料依然依赖进口，很多国内企业还在做低端产品，我们需要改变这样的局面。当前，我们已经明确了"科学至上"理念，梳理了具有特色的科技创新体系，设立了中央研究院，厘清了科研和产业的关系，增加了投入，明确了定位。然而，我们还没有出现"Blockbuster"，即引领行业升级的"爆品"，这是我们努力的目标，要在逐步积累之后最终实现突破。

五是团队卓越的执行力。两家企业的合并重组非常不易，因为在企业文化、管理方式等方面有诸多不同，容易让人产生懈怠或观望的情绪。但大家都以卓越的执行力，克服了种种困难，去推动重组整合这一共同目标。在重组过程中，通过努力经营，我们甚至把一些原本比较困难濒临破产的企业重新送上正常轨道，开拓了挽救和处理不良资产的新思路。这足以证明我们团队的强大执行力。

六是加强产业链协同。在整合过程中，我们创造出新的产业链协同模式，确立了 10 条优势产业链及 5 条潜力产业链，这将成为公司未来的核心竞争力。现在，要继续不断补链、强链，逐步提高产业链各环节的可控性，并组织整合好公司系统内的资源，形成以客户为中心的解决方案。整合前，同一条产业链上卖原料和卖产品的兄弟企业互不相干，现在需要二者协同合作，一起打造战略性好产品，为客户提供整体解决方案。而且，在产品创新、技术创新、商业模式创新方面，我们需要朝气蓬勃、百花齐放。

七是多维度的管理创新。今年上半年，我们快速推进"线上中化"战略，加速数字化转型，跟上了数字化发展的潮流，这具有重要意义。在 HSE（即健康、安全与环境管理体系，Health，Safety and Environment System）方面，公司发布并建立 FORUS 体系（Fore Runner System，领跑者体系），为全系统 HSE 管理提供了科学可行的解决方案。不论是 HSE 还是 ESG（即环境 Environment、社会 Socia 和治理 Governance 三个名词的首字母缩写），都是我们所有业务的基础，始终把安全生产放在首位，保护好员工生命安全和健康，爱护好环境，是中国中化最基本的责任。此外，我们还鼓励尝试把现代国有企业管理理念和西方企业管理理念融合，探索实践对海外企业的管理模式创新。

八是持续深入推进改革。作为一家国有企业，我们需要持续不断进行改革，不改革就没有竞争力。不仅是股权改革，还要进行管理体制和激励机制的改革，不折不扣落实完成国企改革三年行动任务，最终目标是使中国中化成为"坚持国有企业属性前提下，无限接近市场化"的企业。

我们面临的挑战

我们要清醒地认识到，公司仍面临诸多挑战，而且这些挑战可能将持续一段时间。

一是整合协同还没有真正完成。整合有两类，一类是股权、财务报表的"浅层整合"，另一类是产业链上下游的"深度整合"，包括团队文化、格局、境界、认识水平的协同一致。虽然公司整合协同工作取得很好的进展，产业链上下游形成协同，产业链之间关系不大的公司也在技术、供应链支持等方面形成协同效应，但我们仍要继续深化整合协同，使公司的整合协同更符合产业链的技术逻辑、供应链逻辑、产品逻辑、上下游逻辑，最终形成全产业链，从而提高效率和质量，提升产品竞争力。

二是海外企业管理模式仍待进一步探索。首先要营造"海内外一家人"的氛围，中外团队要融合互补，这在海外企业中国战略中要充分体现。同时，要尝试和实践更多对海外企业的管理方法和机制，从而建立起一套具有中国中化特色的国有综合性跨国公司管理模式。

三是高端人才队伍建设还有很大提升空间。公司要增强对人才的吸引力，在市场上、行业中，把经验更丰富、技术更领先的人才吸引到企业的管理团队、研发团队中来，从而带动整个团队的眼界和专业度的提升。

四是专业公司的创新创造性仍待进一步提升。专业公司这一层级的战略规划要更具创新性，"1+N"的管理模式本身就赋予了专业公司战略职能、投资职能，无论是化工、农业还是材料板块，都要有一个明确的发展方向和规划目标，并敢于创新创造，否则，公司发展就会落于人后。

我们必须清晰并坚定地认识到我们企业的逻辑在哪、为什么行？虽然现在还有些缺点，但我们坚信这个团队有强烈的使命感、正确的价值观、滚烫的事业心，以及服务于党和国家战略、服务于民族复兴的信心和决心。同时，我们团队是专业的、有活力的，企业文化是健康的、向上的、生生不息的。

公司现在拥有 8 大主业，13 家专业公司，"10+5"条优势及潜力产业链，我们所处的行业以及增长前景无限宽广，我们要有这个决心和自信，相信我们的战略判断。中国中化虽然是一个复杂的、产业多元的公司，但我们更是一个年轻的、有希望的创业公司，具有非常强的成长性，这得益于团队的努力。

接下来怎么干

一是要在现有基础上，锚定建设"世界一流综合性化工企业"目标，全面对标世界一流企业，完成当好产业链链长、打造原创技术策源地等多项任务。中国是化工大国，但不是化工强国，5～10 年后，中国市场上有没有一家像杜邦、巴斯夫这样规模大、技术好、国际地位高的公司，就要看中国中化未来的管理和发展是否能达到这个水平。我们要心怀远大目标、仰望星空，但要由近到远，从经营业绩、管理方法、体制机制、治理结构、股东投资回报率、产品、团队和人才水平等方面，建立系统化的对标方法，以谦虚学习的姿态全面对标世界一流企业。

二是要持续向高端产业转型升级发展，持续开展新产品、新技术研发攻关，争取在某些领域取得有产业影响的突破性成果。我们要积聚力量、久久为功，持续向产业的高峰冲锋，要敢于冲击有挑战性的新目标，不能变成一个平庸的、大众化的公司。在追求利润和追求创新上，要把追求创新放在第一位。我们应该有突破性的技术进步、工艺进步和领先的产业技术，这对国家、对公司的未来发展都是最重要的。

三是要以高质量上市公司的标准推动公司健康发展。目前，公司正朝着"1 个控股公司+N 个上市公司"架构来构建管理模式，公司党组发挥"把方向、管大局、促落实"的作用，最终依赖的是各个上市公司业务的健康发展。

（2022 年 7 月）